BoB
Best of Business-to-Business

2002

Wir danken den Sponsoren

GWP
media-marketing

Handelsblatt
VDI nachrichten
Der Tagesspiegel
DIE ZEIT

IMPRESSUM **Herausgeber und verantwortlich für den redaktionellen Inhalt** kommunikationsverband.de, Adenauerallee 118, 53113 Bonn, Telefon: 0228 / 949 13-0, Telefax: 0228 / 949 13-13, E-Mail: info@kommunikationsverband.de **Projektleitung** Birgit Laube **Design** Detlef Mett **Fotografie** Jochen Schreiner, Würzburg **PrePress** medienkraftwerk, Euskirchen **Druck/Bindung** Rasch Druckerei und Verlag, Bramsche **Anzeigen** Birgit Laube **Verlag** Varus Verlag Birgit Laube, Königswinterer Str. 552, D- 53227 Bonn, Telefon: 0228 / 944 66-0, Telefax: 0228 / 944 66-66, E-Mail: info@varus.com, Internet: www.varus.com
Das Werk einschließlich aller seiner Teile ist urheberrechtlich geschützt. Jede Verwertung außerhalb der engen Grenzen des Urheberrechtsgesetzes ist ohne Abstimmung des Verlages unzulässig und strafbar. Dies gilt insbesondere für Vervielfältigungen, Übersetzungen, Mikroverfilmungen und die Einspeicherung und Verarbeitung in elektronischen Systemen.

Papier ZANDERS ikono silk 200g/m2 (Schutzumschlag),
150 g/m2 (Überzug) und 170g/m2 (Inhalt)
Schrift Linotype CompatilFact LTRegular

Die Deutsche Bibliothek – CIP-Einheitsaufnahme
BoB: Jahrbuch Best of Business-to-Business-Communication / Hrsg.: kommunikationsverband.de.
– 1998 –. – Bonn : Varus-Verl., 1998. Erscheint jährlich. – ...

Alle Rechte vorbehalten: © Varus Verlag 2002

ISBN 3-928475-54-1

INHALT

Vorwort
JOCHEN PLÄCKING — Business-to-Business bewegt — 4

Trends
ROLAND KARLE — B-to-B-Kommunikation 2002: Unternehmen sind gefragt — 6
Tipps für die Agentursuche — 12
JOHANN C. FREILINGER — Auf strategische Kreativität kommt es an: Integrierte Kommunikation in der Praxis — 14
SEBASTIAN KMOCH — Entscheider sind schwer zu fassen: B-to-B und die Medien — 20
JEAN-CLAUDE PARENT — Auf dem Weg zu neuen Qualitätsstandards? Von der Schwierigkeit, für die eigene Agentur zu werben — 24
FRANK DENNINGHOFF — Marken sinnlich erleben: Veredelung als Marketing-Instrument — 26

Interviews
THOMAS SPIES — Integrierte Kommunikation macht Marken
Erfahrungen und Perspektiven aus Unternehmenssicht — 29

Wettbewerb
Die Jury 2002 — 41
Jurystatements — 42
Der Award 2002 — 50
Die Winner 2002 im Überblick — 51

Winner
Integrierte Kommunikations-Konzepte — 56
Druckschriften — 66
Direktwerbe-/Verkaufsförderungskampagnen — 80
StartUp-Kampagnen — 96
Medienwerbung — 98
Anzeigenserien — 106
Multimedia-Anwendungen — 130
Imagekommunikation für Agenturen — 140
Die Einreicher 2002 — 152

Ranking
B-to-B-Agentur-Ranking 2002 — 154

Agenturen
Agenturen im Porträt — 159
Referenzadressen — 172

Register
— 174

BoB 2002

JOCHEN PLÄCKING

Business-to-Business bewegt

Business-to-Business bewegt – und zwar viel. Denn dieser oft verkannte Riese des Kommunikationsgeschäftes bewegt jährlich mehr als 50 Milliarden Euro, die in Werbung und Verkaufsförderung, Messen, Sponsoring, Beziehungspflege oder Direktkommunikation investiert werden.

B-to-B-Communication bewegt aber auch die Zielgruppen. Das sind Entscheider im Beschaffungsprozess – und es sind Menschen wie du und ich.

Damit stellt sich den „Machern" eine doppelte kommunikative Aufgabe. Sie bezieht rationales Denken und kollektive Entscheidungsprozesse ebenso ein wie sie persönliche Einstellungen und Verhaltensweisen berücksichtigen muss.

Gerade in Zeiten der allgemeinen Zurückhaltung und wirtschaftlicher Dellen ist B-to-B-Communication aber auch der richtige Hebel, um den Aufschwung anzugehen – indem der Wettbewerb untereinander sichtbar gemacht und verstärkt wird. „Wettbewerb schafft Wachstum, Wachstum schafft Arbeit" erinnerte kürzlich beim ZAW-Plenum BDI-Präsident Dr. Michael Rogoski. Die Mittel dazu, diesen Wettbewerb anzufachen, liegen im vielfältigen Instrumentarium der Kommunikation. Die Initialzündung müssen jetzt alle liefern.

CEO DDB-Gruppe
Deutschland/
COM Management GmbH,
Düsseldorf; Präsident
kommunikationsverband.de

Die Ergebnisse aus der Jurierung des diesjährigen BoB-Awards zeigen die Wege auf, wie diese Herausforderungen angepackt werden können. Es sind beste Beispiele für die Arbeit im Detail wie auch für komplexe Lösungen. Den Preisträgern und Finalisten gratuliere ich und fordere sie auf, ihren kreativen Wertschöpfungsprozess mit gleicher Qualität fortzusetzen. Im Kommunikationsverband bieten wir die Plattform für die kontinuierliche Auseinandersetzung mit diesem Thema – auf dass wir gemeinsam etwas bewegen, was allen und damit auch Ihnen im Beruf nützt.

Ihr

Jochen Pläcking

ROLAND KARLE

B-to-B-Kommunikation 2002: Unternehmen sind gefragt

Klare Botschaften und Emotionen aus einem Guss

Im B-to-B-Marketing zeichnen sich zwei große Trends ab: Erfolgreiche Kommunikation läuft integriert über viele Kanäle – und zielt nicht nur auf den Kopf, sondern auch auf den Bauch. Die tagesaktuelle Bedeutung ist immens: Berechnungen des Düsseldorfer Experten Prof. Gerhard Schub von Bossiazky zufolge investieren deutsche Unternehmen heute mehr als 70 Milliarden in die B-to-B-Kommunikation. Viel Geld, wenn diese unprofessionell gemacht und falsch eingesetzt wird.

Nachdem Frank Merkel am Vorabend eines B-to-B-Werbekongresses die Fachzeitschrift für Maschinenbauer durchgeblättert hatte, machte er sich keine Illusionen mehr. „Schlimm war das, ich kam mir vor wie in der Steinzeit der Werbung", erinnert sich der Chef der Viernheimer Werbeagentur WOB. Kein Einzelfall, wie Merkels Branchenkollege Thomas Meichle vom Stuttgarter RTS Rieger Team bestätigt. „Die Anzeigen in vielen Fachpublikationen sind eine Dokumentation des Grauens."

Wie Recht die Werbeprofis haben, belegt eine Untersuchung von Viatico Technik Marketing aus dem badischen Bruchsal. Die Unternehmensberatung bewertete mehr als 300 Inserate aus 14 Fachzeitschriften. Fazit von Geschäftsführer Joachim Tatje: „Die Fantasielosigkeit vieler Firmen und ihrer Werbedienstleister ist erschreckend." Nur jedes dritte Unternehmen verwende einen Slogan und lediglich 17 Prozent kommunizierten, worin der Nutzen ihres Produkts bestehe. Gleichzeitig ist Fachwerbung häufig überladen mit technischen Details, sie sendet zu stark „ZDF", also Zahlen, Daten, Fakten, wie Agenturchef Merkel kritisiert.

Zu viel Kopf, zu wenig Bauch. Unter dieser Missbildung leidet die B-to-B-Werbung schon seit Jahren. Zwar gibt es ausgezeichnete Kampagnen, die unter anderem in Wettbewerbsdokumentationen wie „BoB – Best of Business-to-Business Communication" oder im „Jahrbuch der Werbung" zu bewundern sind. Doch die

Geschäftsführender Gesellschafter, PBM Medien GmbH, Heidelberg prämierten Ausnahmen verstellen den Blick für die Regel. Kleine Budgets, wenig Zeit und stümperhafte Umsetzung erschweren eine professionelle Kommunikation von Experte zu Experte.

Die Viatico-Anzeigenforscher weisen auf die kritische Größe hin. Je kleiner das Unternehmen sei, desto fantasie- und humorloser trete es auf. Tatje: „Die Unternehmen haben noch nicht begriffen, dass Kommunikation eine Investition ist und keine lästige Pflichtaufgabe."

Kommunikation ist Investition

Dabei trifft Werbung in Fachzeitschriften genau: Laut „Leistungsanalyse Fachmedien 2001" nutzen 95 Prozent der Top-Entscheider – sie sind für ein Einkaufsvolumen von mindestens 50.000 Euro im Jahr verantwortlich – die Publikationen aus und für die Branche intensiv. Sie sind demnach die wichtigste Informationsquelle, vor Direktwerbung (89 Prozent) und Internet (87 Prozent).

Warum aber sieht Werbung für Schweißgeräte so (grässlich) anders aus als Werbung für Schokoriegel? Einen überzeugenden Grund dafür gibt es nicht. Werbemann Delle Krause von Ogilvy & Mather betont: „Auch hier geht es schlicht und einfach um die große Idee." Eine zentrale Botschaft formulieren, Informationen auf das Wesentliche reduzieren und „auch über sich selbst lachen können", so B-to-B-Spezialist Meichle, sind die wichtigsten Regeln. Wie wohl das eine herausfordernde Aufgabe ist: Schließlich gilt es, komplexe Themen auf den Punkt zu bringen. Da ist der Schokoriegel doch einfacher zu knacken als das Schweißgerät.

Die Schwächen in der Kommunikation rühren nicht nur aus mangelnder Kreativität und überladenen Botschaften. Meist fehlt der ganzheitliche Ansatz. Durch ständige Kampagnenwechsel und uneinheitliches Auftreten der einzelnen Werbemittel entstehen dann diffuse Markenbilder. Ein grandioser Fehler. WOB-Chef Merkel: „Wird nicht in Vernetzung gedacht und gehandelt, verpufft sinnlos viel Geld." Und – mindestens genauso schlimm – sie wirkt nicht.

Ganzheitlicher Ansatz

Zwei Methoden führen zu ganzheitlichem Marketing: die formale und die inhaltliche Integration. Bei ersterer geht es um Schriften, Farben, Fotos, Gestaltung, Visualität. Unverwechselbar, stark im Ausdruck, durchgängig gewählt und aufeinander abgestimmt müssen diese so genannten Corporate-Design-Elemente sein. Beispiel Farbe: Seit es Yello gibt, ist Strom gelb. Und Nivea verbindet jeder sofort mit Blau und Weiß. „Eindeutige, immer wiederkehrende Farben erleichtern den Zugriff auf die Marke", erklärt Werber Meichle.

Bei der inhaltlichen Integration wirken bedeutungsgleiche Aussagen und Schlüsselbilder zusammen. Sie transportieren die zentrale Botschaft und die Po-

Trends

sitionierung der Marke. Der Reutlinger Strickmaschinenhersteller Stoll zum Beispiel hat erkannt, dass es nicht ausreicht, modernste Technik zu liefern. Die Abnehmer erwarten, dass Stoll sie in die Lage versetzt, modische Muster zu realisieren. Dies wird über Analogien zu in der Natur auftretenden Mustern erreicht. Die Kampagne dazu betont diesen Zusammenhang: „Es wird immer auf die Stricktechnik der Maschinen reflektiert, die diese Mode erst möglich macht", so Jörg Dambacher von RTS Rieger Team. Stoll transportiert eine klare Botschaft und setzt diese in Anzeigen, Internet-Auftritt und Broschüren konsequent um.

Klare Botschaften

So wächst zusammen, was zusammengehört: Für ein stimmiges Markenbild ist entscheidend, dass einzelne Kommunikationsinstrumente intelligent miteinander verknüpft werden. Dr. Gerhard Schub von Bossiazky sieht in dieser „Konvergenz der Kommunikation" den Schlüssel zum Erfolg. „Mit dieser Konvergenz verlieren die früher weitgehend voneinander unabhängigen Bereiche endgültig ihre bisherige Eigenständigkeit und werden Teile eines E-Sales- und Business-Systems." Die von ihm berechneten 70 Milliarden Euro könnten so noch effektiver arbeiten.

Die Gedas AG, Berlin, beispielsweise suchte – und fand – eine Plattform, um kennzeichnende Attribute wie „dynamisch", „international", „schnell", „leistungsfähig" und „professionell" populär und zum Anfassen vor Business-Kunden präsentieren zu können. Ergebnis: Das Unternehmen, IT-Dienstleister und Datenservice-Sponsor in der Leichtathletik, beschränkt sich bei Großveranstaltungen wie den Europa-Meisterschaften längst nicht mehr auf breitenwirksame Bandenwerbung im Stadion. Vielmehr präsentieren heute Firmen-Manager im Rahmen von Schulungen und Vorträgen vor Mitarbeitern und Kunden, die zu dem Sportereignis eingeladen werden, Produkte und die Leistungsfähigkeit des Unternehmens vor Ort, etwa am Beispiel von Zeitmessung und Datenverarbeitung.

Instrumente verknüpfen

Zudem gibt es eigens ein „Gedas-Sportstudio", in dem Spitzensportler interviewt werden und mit den geladenen Gästen sprechen. Außerdem möglich: Frühsport und Workshops mit den Athleten. „In dem außergewöhnlichen sportlichen Umfeld entsteht eine unvergleichliche Atmosphäre, die um einiges persönlicher ist als im 14. Stock der Unternehmenszentrale", sagt Rolf Lorenz, Geschäftsführer der Stuttgarter Agentur Roth & Lorenz.

Wie hingegen Messe, PR und Event für die B-to-B-Kommunikation effektiv zusammenwirken können, bewies die Firma Air Products: Auf der Fachmesse „Schweißen & Schneiden" in Essen erzielte der Industriegasehersteller einen

www.klink-liedig.com

klink, liedig werbeagentur gmbh

Trends

Verkaufserlös von mehr als einer halben Million Euro. Air Products war es gelungen, zahlreiche Business-Kunden an den Stand zu locken, wo ein Schweißerteam in über 500 Demonstrationen die Vorteile der Eigenmarke Maxx™-Gase erlebbar machte. Manfred Bertschat, Marketing Manager Deutschland, bezeichnet den Messeauftritt als einen der erfolgreichsten in der Unternehmensgeschichte. „Insgesamt hat Air Products auf der Schweißen & Schneiden mehr als 400 neue Kunden für die Gasflasche Integra® gewonnen und rund 1400 weitere Kontakte angebahnt."

Angesichts des zunehmenden Wettbewerbs „verlangen kommunikative Konzepte eine eigene und neue Dramaturgie", so Prof. Schub von Bossiazky. Doch wer hilft, dass zusammenwächst was zusammengehört?

Agenturen als professionelle Helfer

Der Markt für Dienstleister in der B-to-B-Kommunikation ist gut besetzt und hat sich in den vergangenen Jahren zunehmend spezialisiert. Interessierte Unternehmen sollten sich deshalb frühzeitig einen fundierten Überblick verschaffen.

Vor allem jüngere Disziplinen wie Event-Marketing, Sponsoring und Corporate Publishing brachten eine Reihe neuer Anbieter ins Geschäft. Sie sind organisiert im FME Forum Marketing-Eventagenturen (www.fme-net.de), im Fachverband für Sponsoring und Sonderwerbeformen (www.sponsoring-verband.de) und im Forum Corporate Publishing (www.forum-corporate-publishing.de).

Mediaagenturen kümmern sich darum, in welcher Zeitschrift oder in welchem Sender eine Anzeige erscheint bzw. ein Spot läuft. Die großen Agentur-Netzwerke haben allesamt eine Media-Unit. PR-Agenturen schreiben Pressetexte, organisieren Pressekonferenzen und stellen den Kontakt zu den Medien her. Die beiden wichtigsten Verbände sind die Deutsche Public Relations Gesellschaft (www.dprg.de) und die Gesellschaft Public Relations-Agenturen (www.gpra.de).

Wenn es um die direkte, persönliche Ansprache von Kunden (per Brief, Telefon, Mail) geht, sind Agenturen für Dialog- oder Direktmarketing die erste Anlaufstelle. Sie sind im Deutschen Direktmarketing Verband (DDV) organisiert.

Referenzen prüfen

Profis für unterschiedliche Kommunikationsfelder sind überdies Design-Agenturen, Messeagenturen und Multimedia-Agenturen. Doch nicht jeder, der Web-Erfahrung hat, besitzt Expertise in Marketing. Daher gilt auch hier: Agentur besonders eingehend prüfen, zum Beispiel über Referenzkunden.

B-to-B-Agenturen agieren dabei als Mittler zwischen Auftraggeber-Unternehmen und Empfänger-Unternehmen. Sie müssen wichtige Informationen beim

Auftraggeber erkennen und sammeln und diese für den Empfänger möglichst effizient aufbereiten und weiterreichen. „Dazu braucht es neben den klassischen Fertigkeiten der visuellen Kommunikation auch regelrechte redaktionelle Fähigkeiten: Recherche, Reduzierung von Nachrichten auf das Wesentliche, Aktualität, Verständlichkeit", erläutert Friedhelm Kranz, Gründer der Braunschweiger Agentur GINGCO.NET. Wenn die Kommunikation diesen Ansprüchen genüge, zudem kreativ und erfrischend sei, „dann ist die B-to-B-Agentur ihr Geld wert". Und: „Die führenden Agenturen haben bewiesen, wie erfolgreiche B-to-B-Kommunikation funktioniert", so RTS-Geschäftsführer Thomas Meichle.

Denn B-to-B folgt eigenen Gesetzen: die Themen sind komplexer, die Produkte erklärungsbedürftiger und die Budgets meist schmaler als in der Werbung für Endverbraucher. Werbliche Kommunikation findet nur zwischen Unternehmen statt. Und: Kampagnen für Gabelstapler, Kabel oder Kühlaggregate sind deutlich weniger öffentlichkeitswirksam als Kampagnen für den neuen BMW, die T-Aktie oder gelben Strom.

Was für die Kommunikation gilt, gilt auch für die entsprechenden Agenturen: Neben ausschließlich auf B-to-B spezialisierten Agenturen – z. B. RTS Rieger Team, WOB Media AG, Publicis MCD oder Heller & Partner – unterhalten viele Großagenturen eigene Tochterfirmen oder Spezialeinheiten für die Kommunikation um erklärungsbedürftige Marken. Entscheidend für die Qualität einer Agentur ist aber nicht ihre (Umsatz-)Größe; ihre Leistung weist sie vielmehr durch gute Referenzen und eine hohe Reputation nach.

Reibungsverluste minimieren

Soll integrierte Kommunikation nicht nur ein Papiertiger bleiben, müssen die einzelnen Disziplinen so miteinander verwoben werden, dass Reibungsverluste minimal sind. Die neuen Mix-Möglichkeiten verlangen folglich den Könner auf allen Seiten – Auftraggeber, Agenturen, Medien.

Was heißt das für die Auswahl des Dienstleisters? Es gibt zwei Alternativen:

1. Der Auftrag geht an eine Großagentur mit Netzwerk-Strukturen, die alles aus einer Hand liefert. Oder:
2. Das Unternehmen beauftragt mehrere Spezialisten mit Teilaufgaben. Dies stellt aber erhöhte Anforderungen an die Koordination.

Das auftraggebende Unternehmen steht somit vor keiner leichten Aufgabe. Der nachstehende Kasten unterstützt Sie mit Tipps und Anregungen für die richtige Partnerwahl.

Trends

Welche Agentur passt zu mir?

Tipps und Anregungen für die Agenturwahl

Wer wirkungsvoll kommunizieren will, braucht professionelle Spezialisten an seiner Seite. So gehts:

1. **Ziele definieren**: Gehen Sie nicht unvorbereitet auf die Suche nach einem Partner. Machen Sie sich erst klar, welche Strategie und welche Ziele – Steigerung des Bekanntheitsgrades, Aufbau eines Markenimages etc. – Sie verfolgen. Das minimiert von vornherein das Risiko eines teuren Missverständnisses.

2. **Informationen beschaffen**: Der Agenturmarkt ist breit gefächert und tief spezialisiert. Fragen Sie Geschäftspartner oder Kammer-/Innungsmitglieder nach Erfahrungen. Branchenverzeichnisse und Marketing-Fachpublikationen („Werben & Verkaufen", „Horizont") sind ebenso gute Informanten wie Verbände, zum Beispiel der kommunikationsverband.de, Bonn, oder der Gesamtverband Werbeagenturen GWA, Frankfurt. Tipp: Unter www.vdwa.de sind mehr als 6.000 Werbeagenturen gelistet, die nach 16 Kriterien recherchiert werden können.

3. **Vorbildern folgen**: Was liegt im Trend? Wer macht ausgezeichnete Kommunikation? Werke wie das „Jahrbuch der Werbung" (Econ-Verlag, München) oder das vorliegende „Jahrbuch Best of Business-to-Business-Communication" (Varus Verlag, Bonn) geben darauf ausführlich und kompakt zugleich Antworten.

4. **Überblick gewinnen**: Nach der ersten Orientierung können Sie jetzt eine Vorauswahl treffen, indem Sie den Kreis der infrage kommenden Agenturen enger ziehen. Lassen Sie sich dazu auch Informationsmaterial direkt von den Agenturen schicken und schauen Sie sich auf deren Homepages um.

5. **Leistungen vergleichen**: Was leistet welche Agentur? Und vor allem: Welche passt am besten zu Ihrem Unternehmen? Kompetenz, Schwerpunkte, Referenzen, Größe, Image sind wichtige Faktoren für die Auswahl.

6. **Agenturen kennen lernen**: Verschaffen Sie sich einen persönlichen Eindruck von der Agentur. Bei einer Präsentation in deren oder Ihrem Haus

finden Sie heraus, wie professionell, kompetent und menschlich angenehm ihre möglichen Partner wirken. Und Sie können offene Fragen direkt besprechen.

7. **Präsentationen starten**: Besonders bei großen Etats ist es üblich, zur Wettbewerbspräsentation zu bitten. Dazu stellen Sie den beteiligten Agenturen eine Aufgabe und treffen nach dem besten Ergebnis ihre Wahl. Vorsicht: Für diesen so genannten Pitch entsteht der Agentur ein Aufwand, für den in der Regel ein Pitch-Honorar vereinbart wird. Alternative: Sie haben bereits einen Favoriten ausgewählt und vergeben einen Probeauftrag. Kommen Sie danach ins Geschäft, bleibt dieser kostenlos, ansonsten zahlen Sie ein zuvor vereinbartes Honorar.

8. **Preisbeispiele ansehen**: Aufgabe: Unternehmen beauftragt Werbeagentur mit der Entwicklung von drei Fachanzeigen für ein neues Produkt, die zu bestehendem Plakat und zum Firmendesign passen sollen. Vergütung: 4.700 € gesamt – davon 600 € für Beratung/Konzeption, 700 € Text, 500 € Fotograf, 1.850 € Grafik, 200 € Produktionsüberwachung, 550 € Litho, 300 € Korrekturaufwand.

9. **Konditionen verhandeln**: Agenturen werden nach unterschiedlichen Kriterien vergütet. Üblich sind Pauschalhonorar für eine vorher definierte Leistung, Vergütung nach angebotenem Einzelauftrag, Berechnung nach Zeitaufwand, prozentualer Service-Aufschlag auf Fremdkosten (z.B. Druck, Foto). Mediaagenturen, die für das Unternehmen Anzeigen oder Spots schalten und die Aufträge abwickeln, erhalten direkt von den Auftragnehmern (z.B. Verlag) eine Mittlerprovision in Höhe von 15 Prozent.

   Richtwert für Agenturleistungen: Stundensatz für Text und Grafik liegt bei etwa 110 €, die Beratung durch den Agenturchef kostet zwischen 200 und 250 €, die Ausrichtung und Organisation einer regionalen Pressekonferenz wird mit rund 7500 € taxiert.

10. **Vertrag schließen**: Ein schriftlicher Vertrag zwischen Auftraggeber und Agentur ist grundsätzlich zu empfehlen. Darin sollten die zu erbringenden Leistungen präzise benannt sein, außerdem Honorar, Zahlungsmodalitäten, Nutzungsrechte, Verschwiegenheitspflicht, Wettbewerbsklausel. Lesehinweis: „Das kostet Kommunikation – Preise. Leistungen und Rechte im Kommunikationsmarkt", Verlagsgruppe Handelsblatt, Düsseldorf, 99 €.

JOHANN C. FREILINGER

Auf strategische Kreativität kommt es an

Integrierte Kommunikation in der Praxis

Gott schuf den Himmel, die Erde – und mit den Menschen auch Werber und Marketingleiter. Wie die mit der Erfindung der integrierten Kommunikation zurecht kommen sollen, hat er ihnen nicht verraten. Seit Jahren rätseln deshalb viele Betroffene, wie sich Theorie und Wirklichkeit miteinander in Einklang bringen lassen.

Nach wie vor sind es sowohl auf Unternehmens- als auch auf Agenturseite Spezialisten mit speziellem Wissen, die den Reigen markenbildender Kommunikationsinstrumente bedienen: klassische Werbung, Dialogmarketing, CRM, Online Advertising, Media-Planung, Public Relations, bis hin zu Event-Marketing und Sponsoring. Mit wenigen Ausnahmen kocht jeder sein Werber-Süppchen für sich, verwaltet oder streut „seinen" Etat. Auf Unternehmensseite verlaufen zusätzliche Gräben: Nicht nur Marketing, Vertrieb und Öffentlichkeitsarbeit agieren oft fein säuberlich voneinander getrennt. Sogar Aufgabenbereiche wie die Internetkoordination oder das Management von Kundenbeziehungen, die mit den genannten Unternehmensbereichen zwingend verbunden sein müssten, führen häufig ein Schattendasein ohne direkten Marken- oder Produktbezug.

Trotzdem formulieren viele solcher Spezialisten den Anspruch, integrierte Kommunikation betreiben zu wollen – und sind allmählich in Gefahr, den ganzen Begriff zu diskreditieren. So mancher wähnt sein Werk schon „voll integriert", wenn das gleiche Marken-Logo sowohl Salesfolder als auch Website prägt. Natürlich ist visuelle Integration unverzichtbar, aber die Möglichkeiten sind viel weitreichender.

Woran liegts, dass Markenbotschaften oft nicht stringent kommuniziert werden? Auf dem diesjährigen Deutschen Werbekongress setzte sich auch Reinhard Springer mit dieser Problematik auseinander: „Die vielen Fachleute sind vor allem damit beschäftigt, die Kommunikation untereinander zu organisieren, was zu gegenseitiger Neutralisierung und wenig befriedigenden Ergebnissen führt. Am

Geschäftsführer
FCBi,
Hamburg

Ende sind alle Opfer von sinnlosem Fleiß. So kann keine starke Marke entstehen." Seine Forderung: eine neue Organisationsstruktur mit einem einzigen Marketingverantwortlichen, der ein interdisziplinäres Brand-Mission-Team bildet. Mitglied dieses Teams soll wenigstens ein erstklassiger Kreativer sein. „Wenn Sie", so Springer, „nicht wenigstens einen Spitzenkreativen haben, geht Ihre Chance gegen Null, Ihr Ziel zu erreichen."

So weit, so richtig. Ob diese Forderung wirklich schon erschöpfend die Koordinationsaufgaben zwischen Unternehmen und Agenturen beschreibt, sei dahingestellt. Zu ergänzen ist beispielsweise, dass sowohl der Marketingverantwortliche als auch der Spitzenkreative Generalisten erster Güte sein müssen, um gegenüber den zur Verfügung stehenden Disziplinen neutral abwägen und so eine Markenbotschaft stringent in ein übergreifendes Konzept einbinden zu können. Steht der Spitzenkreative auf Agenturseite, stellt sich eine weitere Frage: Wenn „seine" Agentur nur einige der genannten Disziplinen bietet – ist er dann nicht erneut den altbekannten Partikularinteressen unterworfen? Beansprucht beispielsweise die klassische Werbung den Lead auf eine Kampagne, läuft gerade sie Gefahr, zum Synergiekiller zu werden.

Generalisten gefragt

Wie die von Reinhard Springer skizzierte Teambildung im Detail auch aussehen mag: Wenn eine Agentur kreative Spezialisten für alle Kommunikationssparten in den eigenen Reihen hat, stehen die Chancen für einen Auftraggeber am besten, integriert zu agieren. Eine Agentur, in der echter „Full-Service" drin ist – und nicht nur draufsteht, bietet entsprechende Synergiepotenziale und damit für Marken eine gute Ausgangssituation, um tatsächlich effiziente Kommunikationskonzepte entstehen zu lassen. Ganz nebenbei reifen dort nämlich Stück für Stück die Menschen, die der Markt am dringlichsten benötigt: kreative und beratende Generalisten, die Markenkommunikation als ganzheitliche Herausforderung begreifen.

Synergien nutzen

Angesichts der Komplexität des Themas ist es kein Wunder, dass die Jury beim diesjährigen BoB in der Kategorie „Integrierte Kommunikation" nur zwei Awards vergab – nicht Gold, nicht Silber, aber immerhin: Bronze! Integration verdient sich ihren Namen schließlich erst, wenn der Wert einer Kampagne insgesamt deutlich höher ist als die Summe der Werte aller einzelnen Kampagnenbausteine.

Wie aber lässt sich das erreichen? Synergien, die sich allein aus konsequenter Markenvisualisierung ziehen lassen, reichen keinesfalls aus – genauso wenig übrigens wie Werber-Aktionismus, der sich in einem unstrukturierten Kommuni-

Trends

kationsfeuerwerk aus allen Medienkanälen erschöpft. Unter der Überschrift „Strategische Kreativität" veröffentlichte Prof. Dr. Gerhard Schub von Bossiazky schon in der Vorjahresausgabe dieses Buches einen bemerkenswerten Gedanken: „Strategieentwicklung ist für die kommenden Jahre eine wichtige Beratungsaufgabe. Es besteht ein deutlicher Bedarf für das Erfinden synergetischer Systeme. Man sollte dieses Feld nicht den Unternehmensberatungen überlassen."

Marken emotionalisieren

Recht hat er: Kommt die Kreation als reine Leistungsschau der Einzeldisziplinen daher, bleibt das Ergebnis statisch. Und gerade Unternehmensberatungen dürften dazu neigen, Markenkommunikation als eine Frage der „sauberen Abwicklung" misszuverstehen. Im Fokus integrierter Kommunikation muss stattdessen die Emotionalisierung der eigenen Marke stehen. Die neuen Medien – vielfach als Last empfunden – bieten dafür konkrete Chancen.

Betrachten wir die Situation aus der Perspektive eines beliebigen Unternehmens: Wirklich schlechter als die eigenen Produkte sind die des Marken-Wettbewerbers nicht mehr. Zeitgleich stagnieren die Marketingetats. Aufgrund der neuen Medien schrumpft also tendenziell der Marketingetat pro Medienkanal und damit auch der spezifische Werbedruck. Früher reichte es, eine Idee stringent per TV, Hörfunk oder Print zu kommunizieren – diese Zeiten sind vorbei.

Glaubwürdigkeit erhalten

Um im Wettbewerb vorn dabei zu bleiben, sind die qualitativ neuen Möglichkeiten der interaktiven Medien unverzichtbar. Kommunikationsbedingtes Wachstum hängt damit unmittelbar von der strategischen Kreativität ab, mit der es gelingt, bei seiner Zielgruppe besondere integrative Wirkungen hinsichtlich der genutzten Medien und Inhalte zu provozieren. Dabei stellen sich zentrale Fragen: Mit welcher übergreifenden Kampagnenidee erziele ich unter Nutzung welcher Kommunikationskanäle die höchste Wirkung auf meine Zielgruppe(n)? Und: Wie forciert meine Idee – unter Beachtung der Interdependenz der von mir genutzten Medien – deren synergetische Wirkung? Löst eine Idee diese beiden Fragen nicht positiv ein, greift jede daraus abgeleitete Kampagne zu kurz. Dass eine Kampagne, welche die oben genannten Forderungen einlöst, zugleich auch glaubwürdiger Bestandteil im Kontinuum des Gesamt-Marktauftritts sein muss, versteht sich von selbst.

TV und Hörfunk sind typische Penetrationsmedien: Der User wählt Unterhaltungsangebote, die er passiv wahrnimmt. Nur eine starke Werbeidee kann ihn in dieser Situation erreichen, kann das Image einer Marke positiv aufladen. Aktiviert wird der User aber erst, wenn ihm ein Weg gezeigt wird, wie er seine In-

LINOTYPE COMPATIL, das innovative Schriftsystem
für Ihre anspruchsvolle Kommunikation

Compatil

Compatil

Compatil

Compatil

Compatil

Compatil

Compatil

Compatil

Compatil

Compatil

Compatil

Compatil

Compatil

Compatil

Einheit durch Vielfalt

Linotype Compatil Exquisit

Linotype Compatil Fact

Linotype Compatil Letter

Linotype Compatil Text

Haben Sie Fragen zum Linotype Compatil Schriftsystem?

E-mailen Sie uns an compatil@linotypelibrary.com oder faxen Sie uns Ihre Rückantwort an +49 (0) 6172 484 499 und erhalten unsere Broschüre.

[ ] Bitte schicken Sie mir gratis Ihre 42-seitige Broschüre »Das Lesen betreffend« zum Linotype Compatil Schriftsystem zu.

FIRMA:

NAME/FUNKTION:

PLZ/ORT:

STRASSE:

TELEFON/FAX:

E-MAIL:

Linotype Library GmbH
Ein Unternehmen der Heidelberg Gruppe
Du-Pont-Straße 1
61352 Bad Homburg
Deutschland
Fon +49 (0) 6172 484 424
Fax +49 (0) 6172 484 429
www.linotypelibrary.com

Trends

formationsangebote befriedigen kann – zum Beispiel auf einer Website im Internet. Passiv genutzte Medien wie TV, Hörfunk und häufig auch Print bahnen so Zielgruppen den Weg zu selbstbestimmtem, aktivem und selektivem Vertiefen in individuell gewählte Inhalte.

Was für eine Chance für eine Marke – und wie leichtfertig wird sie häufig vertan. Dabei birgt insbesondere die freiwillige Auseinandersetzung mit einer Marke bzw. den in ihrem Umfeld angebotenen Informationen und Services besondere Chancen, Begehrlichkeiten zu wecken, die Marke zu profilieren und dynamisches Customer Relationship zu entwickeln. Zielgruppen und deren Bedürfnisse lassen sich im Internet unvergleichlich viel präziser ansprechen bzw. befriedigen. Auch dabei ist natürlich echte Spannung jenseits langweiliger Produktinformationen gefragt.

Begehrlichkeiten wecken

Nur vor dem Hintergrund vieler halbherziger Integrationsbemühungen ist die skeptische Frage des Vorstandsvorsitzenden eines deutschen Großkonzerns auch heute noch typisch: „Wieso sollte ich mit Werbung für Werbung werben?" Antwort: Weil man damit nicht für Werbung, sondern für eine neue Qualität der Kundenbeziehung wirbt!

In diesem Sinne unverzichtbar ist strategische Kreativität insbesondere auch im Bereich B-to-B, der geprägt ist von genau definierbaren Zielgruppen und Medien. Hier ein kurzes Beispiel, das sogar Möglichkeiten aufzeigt, B-to-B- und B-to-C-Interessen synergetisch zu verknüpfen. Das Unternehmens-Briefing an die Agentur: Eine Kampagne soll schnellstmöglich den neu entstandenen Geschäftsbereich Medical Systems bekannt machen – produziert wird Medizintechnik zur Erforschung des menschlichen Körpers – und positiv mit Assoziationen wie „kreativ" und „innovativ" aufladen. Zugleich soll sie auch noch etwas für die Consumer-Produkte (Kameras) tun.

Beziehungen verbessern

Die strategisch-kreative Lösung der Agentur: Drei europäische Kunsthochschulen werden eingeladen, an einem Wettbewerb teilzunehmen. Das zu interpretierende Thema: „Der Körper ist ein Kunstwerk." Das kreative Arbeitsmittel: Digitalkameras. Die Folgen: fieberhaftes Engagement an den Hochschulen und PR-initiierte breite Berichterstattung in den markenrelevanten Medien und Fachtiteln. Starke Resonanz auch durch die Preisverleihung auf der CeBIT, kombiniert mit einer Vernissage der eingereichten Arbeiten. Der 1. Preis: eine Digitalkamera und ein (gut dotierter) Job: die Kreation einer Motivserie, mit der sich der neue Geschäftsbereich Medical Systems in Print-Anzeigen präsentiert. Die vielbeachtete, eigens für die Kampagne aufgelegte Website (www.olympus-artwork.com)

dokumentiert von Anfang an minutiös alle Phasen von Wettbewerb und Kampagnenentwicklung – inklusive aller teilnehmenden Studenten, ihrer Arbeiten sowie der Kampagnenmotive des Siegers.

Fazit: Integrierte Kommunikation muss nicht zwangsläufig in großen Dimensionen stattfinden. Was zählt, ist ihre strategische Kreativität. Selbstbewusste Agenturen können ihren Kunden auch mit kleineren Kampagnen den Rücken stärken – und ihnen damit Mut machen, Größeres zu wagen. Sowohl bei Agenturen als auch auf Seiten der Unternehmen ist mehr Ehrlichkeit gefragt. Agenturen müssen sich zu ihren Kompetenzgrenzen bekennen und sie zugleich immer weiter hinausschieben, um halbherzigen Insel-Lösungen mit strategischer Kreativität das Wasser abzugraben. Auf Unternehmensseite wiederum müssen sich Vorstände, Geschäftsführer und Marketingleiter gegenüber den neuen medienübergreifenden Möglichkeiten öffnen. Selbst wenn dadurch manch organisatorischer Anpassungsprozess notwendig wird, lohnt es sich, vorhandene Kreativpotenziale konsequent zu nutzen – im Interesse der Marke.

Wenn all das gelingt und der Wert wirklich integrierter Kommunikationslösungen erkannt wird, stehen den Beteiligten auf Kunden- und Agenturseite gute Zeiten bevor.

Chancen nutzen

SEBASTIAN KMOCH

Entscheider sind schwer zu fassen – B-to-B und die Medien

Kombis können helfen

Sie haben Macht, sie haben Einfluss, sie haben Geld. Ihre Stimme zählt im beruflichen wie gesellschaftlichen Leben. Entscheidungsträger, Meinungsbildner, Multiplikatoren – Zielgruppen, die von der Werbewirtschaft ebenso begehrt wie gesucht sind. Nicht zu Unrecht, wie bereits der Blick auf die soziodemographischen Merkmale verrät: Gehobenes Einkommen, überdurchschnittliche Bildung und Top-Positionen im Beruf zeichnen dieses First-Class-Segment aus. Dazu kommen eine Reihe psychographischer Argumente.

So gelten Entscheider als zielorientierter, optimistischer und durchsetzungsstärker als der Durchschnitt der Bevölkerung. Für sie zählt Qualität mehr als der Preis, sie vertrauen auf Marken und bekennen sich zum anspruchsvollen Genuss (Typologie der Wünsche Intermedia TdWI 2000/01, Trend IIII).

Dennoch haben aber auch Top-Zielgruppen ihre Tücken: Für die Mediaexperten sind sie umso schwerer zu fassen, je erfolgreicher sie sind. Häufige Geschäftsreisen, lange Arbeitszeiten und eine aktive Freizeitgestaltung sorgen dafür, dass Manager und Führungskräfte eine Herausforderung für jeden Mediaplaner darstellen. Jeder Couch Potatoe ist leichter mit Anzeigen oder Spots zu fassen als ein Marketing-Vorstand mit Lufthansa-Senator-Card.

Doch auch termingeplagte Manager haben ihre festen Gewohnheiten, wenn es um die Nutzung von Medien geht. Die wohl wichtigste Rolle spielen dabei die Zeitungen. Eine Sonderauswertung der Allensbacher Werbeträger-Analyse (AWA) hat im vergangenen Jahr das Informationsverhalten von Top-Zielgruppen unter die Lupe genommen. Basis waren Führungskräfte mit einem hohen gesellschaftlich-wirtschaftlichen Status und einem Nettoeinkommen von 5000 Mark und mehr. Außerdem wurden – in Annäherung an die Leseranalyse Entscheidungsträger LAE – nur Geschäftsführer, Selbstständige, Freiberufler, leitende Angestellte und höhere Beamte berücksichtigt. Im Vergleich der Untersuchungsjahre 2001 zu 2000 konnten nur zwei Medien zulegen: Das Internet und die Zeitungen. So surfte sich fast die Hälfte der Führungskräfte im vergangenen Jahr auf

Sales Manager Zeitungen GWP media-marketing, dort verantwortlich für die Beratung und Betreuung der Partnerverlage, die die GWP mit der Vermarktung ihrer Objekte beauftragen.

der Suche nach Informationen durch das World-Wide-Web (plus 14,3 Prozentpunkte gegenüber AWA 2000).

Dennoch: das wichtigste Informationsmedium für die Entscheidungsträger aus Wirtschaft und Politik bleiben die Zeitungen. 71 Prozent der ausgewerteten First-Class-Zielgruppe (1,81 Millionen Personen) will auf die tagesaktuellen News in gedruckter Form nicht verzichten. Ein Wert, der in der Basis-Studie Leseranalyse Entscheidungsträger LAE 2001 (2,145 Millionen Personen) mit 84,3 Prozent sogar noch übertroffen wurde. Diese Untersuchung ergab auch, dass der wachsende Internet-Konsum an der Bedeutung der Zeitungen als wichtigstem Informationsmedium für Führungskräfte nichts ändern konnte. Vielmehr wurde die zusätzliche Zeit im Netz vom täglichen Fernsehkonsum gestrichen (LAE 2001: minus 2,4 Prozentpunkte gegenüber dem Vorjahr).

Wachsender Internet-Konsum

Wer also mit seiner Werbung Entscheider, Meinungsbildner oder Multiplikatoren – kurz die Personen, die im beruflichen wie gesellschaftlichen Leben führende Positionen einnehmen – erreichen will, ist mit der Zeitung bestens bedient. Mit einer Einschränkung: Der Informationsdurst dieser Top-Zielgruppe ist eine Herausforderung für die Mediaexperten. Führungskräfte geben sich bei der täglichen Zeitungslektüre kaum mit nur einem Blatt zufrieden. Dadurch kann es zu ineffizienten Überschneidungen in der Mediaplanung kommen, vor allem dann, wenn möglichst schnell eine möglichst große Reichweite in dieser kleinen aber feinen Zielgruppe aufgebaut werden soll. Durch den relativ hohen Werbedruck kann es dann passieren, dass derselbe Entscheider über verschiedene Blätter häufiger als nötig kontaktet wird.

Planungsmanko vermeiden

Das muss nicht sein, denn durch die geschickte Kombination unterschiedlich positionierter Zeitungen kann diesem Planungsmanko begegnet werden. Eine Lösung bietet beispielsweise die Businesskombi XXL, die die Düsseldorfer GWP media-marketing als Vermarktungsorganisation der Verlagsgruppe Handelsblatt vor zwei Jahren als Werbe-Plattform für die Business-to-Business-Kommunikation zur Verfügung stellte. Dabei ergänzen sich vier Zeitungen, die jede für sich eine unique Stellung im Markt einnehmen und sich eindeutig voneinander abgrenzen:

- Das Handelsblatt ist die erfolgreichste und größte Wirtschafts- und Finanzzeitung Deutschlands. Kaum eine andere Tageszeitung berichtet und informiert so umfassend und kompetent über das Wirtschafts- und Finanzgeschehen. Daher qualifiziert sich das Handelsblatt als unentbehrliche und börsentaugliche Basislektüre für die berufliche Nutzung der Entscheidungsträger aus Wirtschaft und Verwaltung.

Trends

- Die VDI Nachrichten, Deutschlands führende Wochenzeitung für das technische Management, eröffnen den Dialog mit der Zukunft, der neuen Business- und Technikwelt. Sie informieren wöchentlich über das Wechselspiel technischer, wirtschaftlicher und gesellschaftlicher Trends: umfassend, kompetent und in kompakter Form.
- Der Tagesspiegel bietet den direkten Zugang zu den gehobenen Bevölkerungsschichten und speziell zu den Entscheidern in Politik, Wirtschaft und Verwaltung in Deutschlands Entscheider-Zentrum – Berlin. Im Vergleich zu den LAE-Titeln ist Der Tagesspiegel das reichweitenstärkste und wirtschaftlichste Medium der Bundeshauptstadt.
- Mit fundierten Hintergrundberichten, gründlich recherchierten Fakten und tiefgehenden Analysen positionierte sich DIE ZEIT als Deutschlands führende Wochenzeitung für Politik, Wirtschaft, Wissenschaft und Gesellschaft. Ihr hohes journalistisches Niveau, die starke Akzentuierung auf politische und wirtschaftsrelevante Berichterstattung, die nationale und globale Betrachtung von Ereignissen, Trends und Auswirkungen machen DIE ZEIT zu einer unverzichtbaren Informationsquelle für alle Entscheider, Führungskräfte und Meinungsbildner, die über den „täglichen Tellerrand" hinausblicken wollen.

Zielgruppen-Affinität

Damit ist es der GWP nicht nur gelungen, vier unterschiedlich reichweitenstarke Zeitungen zu kombinieren, sondern auch ein sehr zielguppenaffines inhaltliches Spektrum abzudecken. Werbungtreibende erreichen auf einen Schlag die technisch, politisch, gesellschaftlich und wirtschaftlich orientierten Entscheider – und dies nahezu ohne Überschneidungen in der Zielgruppenansprache. Neben diesen mediaplanungsrelevanten Argumenten bietet die Businesskombi XXL mit einem Rabattvorteil von neun Prozent auf die jeweiligen Bruttopreise der Einzeltitel auch einen interessanten ökonomischen Vorteil in der Wirtschaftlichkeit.

Money makes the world go around – wohl auf keine andere Zielgruppe trifft dieses Bonmot eher zu als auf Entscheider und Führungskräfte. Nicht nur die überdurchschnittlich hohe Kaufkraft zeichnet sie als wertvolles Top-Class-Segment aus, auch ihre Lust am Konsum und das Vertrauen in die Qualität von Marken. Ebenso hoch schätzen Werbekunden ihren Einfluss im gesellschaftlichen Bereich, den begehrten Multiplikatoren-Effekt. Und sie gelten als wählerisch, vor allem auch in der Auswahl ihrer Informationsmedien. Die knappen Zeitbudgets von Führungskräften erfordern die sorgfältige Selektion nach Inhalten, Kompetenz und Qualität. Wie kein anderes Medium haben dabei die Zeitungen im intermedialen Wettbewerb ihre herausragende Stellung über die Jahre behaupten

JEAN-CLAUDE PARENT

Auf dem Weg zu neuen Qualitätsstandards?

Von der Schwierigkeit, für die eigene Agentur zu werben

In diesem Jahr wurden über 30 kommunikative Agenturauftritte beim „BoB", dem Kreativ-Wettbewerb für Best of B-to-B-Communication, eingereicht. Ist diese Entwicklung etwa der Beginn einer neuen Eitelkeit – oder wird sie zu neuen Qualitätsstandards bei Agenturauftritten führen?

Dass sich Werbeunternehmen mit der Positionierung und Kommunikation für ihr eigenes Unternehmen besonders schwer tun, ist bekannt. Nur ganz wenige verstanden es, aus den Reihen der zigtausend Dienstleister der Branche aufzufallen. Agenturen wie Ogilvy, BBDO, Publicis, Y&R, Scholz & Friends, Jung von Matt, Springer & Jacobi und andere wurden zu internationalen oder nationalen Marken.

Das Verhalten und die Botschaften dieser Marken ist zum Teil unterschiedlich stringent: Springer & Jacobi setzt beispielsweise konsequent auf die Formel „e wie einfach" und verzichtet ganz auf eine kommunikative Überhöhung des eigenen Agenturauftritts. Man lässt die Arbeiten und Marken, die man betreut, für sich sprechen. Und wurde damit zu einer schillernden Agenturmarke, die immer wieder aufs neue durch Bestleistung ihren Markenwert auflädt.

Die Werbeagentur Grey „gibt Marken Charakter" und setzt bei der Methodik auf eigene, eingetragene Warenzeichen. Grey taucht seinen Auftritt konsequent, der besseren Wiedererkennung wegen, in den immer gleichen Pantone-Ton, irgendwo zwischen Rot und Orange. CEO Bernd Michael geht noch einen Schritt weiter: er trägt ausschließlich rote Krawatten und neuerdings sogar eine Brille mit rot lackiertem Metallgestell.

Holger Jung und Jean-Remy von Matt wurden gar zu Popstars der Werbeszene, wenn es so etwas überhaupt geben kann. Die erfolgreichen Kampagnen und Spots ihrer Agentur sowie ihre Lebensgeschichte sorgen in Talkshows jedenfalls für viel Aufmerksamkeit und wurden als Buch verlegt. Nicht nur der Marktwert des eigenen Hauses, auch das Ansehen der Branche ganz allgemein hat – bei allem Neid und aller Missgunst – davon profitiert.

Geschäftsführender Gesellschafter der GWA Werbeagentur Schindler, Parent & Compagnie GmbH

Konsequenz und Profil

Zurück zum überwiegenden Eindruck: Bei aller Ästhetik oder produktionstechnischen Raffinesse bleiben Agenturauftritte überwiegend inkonsequent, ja oft profillos. In Zeiten schärferen Wettbewerbs wird zudem auch mal schneller aus der Hüfte geschossen. Während man von den Kunden beim Thema Marke Nachhaltigkeit, Konsequenz und Stetigkeit fordert, nimmt man es bei sich selbst damit nicht ganz so genau. Meist weiß man gar nicht, was abgebildet und beworben werden soll. Zu multioptional ist das Angebot, oft aus Angst davor, dass irgendwo im Wertschöpfungsprozess ein Job von der Werkbank fallen könnte. Das Problem der meisten Agenturauftritte mag auch darunter leiden, dass zu viele mitreden, wenn es um die Positionierung und um das Gestaltverhalten der eigenen Agentur geht. Wenn man also das „Was" nicht so recht kennt, wie soll dann das „Wie" Gestaltungsqualität erhalten? Sind am Ende die meisten doch nur Dekorateure? Oder ist das Umfeld, dem Agenturen ausgesetzt sind, dynamischer als anderswo?

Der Zeit voraus sein

Während Unternehmen im Zuge von Customer Relations Management ihre Kunden teilweise mit zu vielen Informationen regelrecht belasten, sind viele der Agenturen in der Kommunikation mit ihren Auftraggebern äußerst zurückhaltend. Bereits hier scheint sich die Spreu vom Weizen zu trennen: Denn schon in Zeiten, wo die Lieferfähigkeit das größte Problem darstellte, war zu beobachten, dass Agenturen ihre Kunden, über die Basics einer Dokumentation wie Folder oder Broschüre hinausgehend, regelmäßig informierten. Manche legten von Zeit zu Zeit Case Studies auf und belegten damit manche kühne gedruckte Behauptung durch schlichten Nachweis. Andere wiederum informierten via Newsletter (einige heute schon per elektronischen Pushkanal) über den Agenturalltag und Projekte anderer Kunden. Ganz wenige gingen immer schon einen Schritt weiter und präsentierten eigeninitiativ – also ohne Aufforderung oder Auftrag – in so genannten „Quarterlies" Perspektiven und Trends, die Einfluss auf die Zusammenarbeit oder auf Projekte in der Zukunft haben könnten.

Insofern lässt sich möglicherweise ein Zusammenhang zwischen der steten Kunst, für andere etwas konsequent und immer wieder gut zu tun und dem Selbstverständnis, dass dies selbstverständlich auch für das eigene Unternehmen zu gelten habe, erkennen. Ähnlich wie in der Industrie auch, gibt es demnach zwischen scheinbar der selben Leistung doch größere Unterschiede. Es ist zu hoffen, dass der junge Wettbewerb dafür sorgt, dass künftig diese Unterschiede noch sichtbarer werden.

Gut so.

FRANK DENNINGHOFF

Marken sinnlich erleben:
Veredelung als Marketing-Instrument

Rechtzeitig Fachleute einbeziehen

Für Mailings, Geschäftsberichte, hochwertige Druckschriften und Verpackungen werden heute verstärkt Natur- oder Ausstattungspapiere gewählt. Ihre besondere Haptik kommt dem aktuellen Trend nach Emotionalität in der Kommunikation entgegen. Durch Zugabe von Baumwolle, Metall- bzw. Perlmutteffekten oder Recycling-Einträgen lässt sich dabei eine starke Originalität in Richtung Luxus, Eleganz und Modernität erzielen – oder auch einfach nur die Natürlichkeit des Papiers zusätzlich unterstreichen.

Zunehmend sind auch Effekte wie beispielsweise metallisierte oder changierende Oberflächen beliebt. Im Prägefoliendruck – im Prinzip einem Hochdruckverfahren – beispielsweise wird an den erhabenen Stellen hauchdünne Metallic- oder Farbfolie – eine so genannte Transferschicht – übertragen. Dies geschieht mittels Druck und Hitze. Dabei wird die Prägefolie als „Druckfarbe" verwendet.

Neben den klassischen Gold-, Silber- oder anderen Metallicfarben finden heute auch Varianten wie Pigmentfolien und holografische Diffractionsfolien mit und ohne Metallisierung sowie aufwändigere Strukturprägungen mit dreidimensionaler Verformung bis hin zu Feinststrukturen (sog. Micro-Embossing) Verwendung. Immer häufiger setzt man zudem auf Effekte durch das Überdrucken bereits Prägefolien-veredelter Oberflächen. Der Fantasie sind hier kaum Grenzen gesetzt.

Damit aber steigen auch die Anforderungen an Auftraggeber – insbesondere Agenturen – im Hinblick auf die Anlage der Daten und die Auftragsvorbereitung. Es ist deshalb zu empfehlen, bei technisch anspruchsvollen Veredelungsverfahren bereits im Gestaltungsprozess die entsprechenden Fachleute mit einzubeziehen, um spätere Probleme bei der Fertigung zu vermeiden.

Doch was bedeuten diese Veredelungen für den Kunden? Nach Ogilvy ist „eine Marke die Vorstellung des Kunden von einem Produkt". Der Vorteil klarer Marken liegt in der Unterscheidung vom Wettbewerb und in ihrer Wiedererkennbarkeit.

Geschäftsführender
Gesellschafter Gräfe
Unternehmensgruppe
Vorsitzender Arbeitskreis
Prägefoliendruck e.V.

Der Konsument geht zunächst mit einer bestimmten Erwartungshaltung an das Produkt heran, was Inhalt, Dauerhaftigkeit und Convenience – bequeme Handhabung – betrifft. Hierbei orientiert er sich zunächst an der Verpackung und beurteilt den Inhalt anhand deren Attraktivität und Stimmigkeit.

Emotionale Ansprache

Gerade beim Erscheinungsbild einer Marke wird die emotionale Ansprache immer wichtiger, Stichwort: Erlebniskauf: Durch Optik und Haptik erfolgt die Kommunikation über alle Sinne, Lust auf den Inhalt soll geweckt werden – Appetit auf edle Schokolade oder die Vorahnung eines erlesenen Getränks.

Letztendlich stellen alle grafischen Produkte – Buch, Umschlag, Etikett, Broschüre oder Display – eine Art von „Verpackung" dar, die das Interesse für den Inhalt wecken soll. Image, Positionierung und Persönlichkeit der Marke werden transportiert, um damit Qualität und Lebensgefühl zu vermitteln. Diese Unterstützung des Markenversprechens durch den äußeren Auftritt hat besonders bei höherwertigen Waren – Confiserie oder Kosmetika – eine große Bedeutung.

Hierzu trägt der Prägefoliendruck bei: metallische Gold- und Silberfolien beispielsweise haben eine traditionelle Wertigkeit und üben eine Faszination auf den Kunden aus. Der Konsument wird angeregt, sich intensiver mit dem Produkt zu beschäftigen. Prägefoliendruck schafft Anreiz und Vertrauen.

Auch beim Einsatz von Veredelung gilt jedoch fast immer: Weniger ist mehr. Ein „edler Stil" ist grundsätzlich eher zurückhaltend. Bei Trendprodukten wie beispielsweise Zeitschriften steht hingegen der kurzfristige „Eyecatcher" im Vordergrund, was den Einsatz anderer, auffälligerer Effekte erfordert.

Kreative Gestaltungskonzepte

Erfolgreiche Konzepte bedingen aber nicht unbedingt den Einsatz neuer Verfahren oder Effekte. Vielmehr können neue kreative Ansätze bereits durch Ausschöpfung neuer Gestaltungswege geschaffen werden. Im Arbeitskreis Prägefoliendruck beispielsweise sind spezialisierte Fachbetriebe dieses Segments zusammengeschlossen, um eine vorbildliche Verarbeitungsqualität zu gewährleisten. Darüber hinaus bietet der Arbeitskreis jungen Designern und Gestaltern Gelegenheit, im Rahmen von Fachveranstaltungen zum Thema „Look + Feel" – Prägen, Print und Branding" verschiedene Veredelungsverfahren, die Möglichkeiten des Prägefoliendruckes und neue Gestaltungskonzepte kennenzulernen.

Das Interesse der Kreativen und Markenartikler zeigt uns, dass wir auf dem richtigen Weg sind.

Weitere Informationen:
www.look-and-feel.net; info@ak.praegefoliendruck.de

Best of Dialogmarketing 2002

Deutscher Dialogmarketing Preis 2002

Silber
Kategorie Finanzdienstleistungen

Kampagne
Bonsai-Mailing

Auftraggeber
Dresdner Bank AG

Agentur
OgilvyOne Worldwide GmbH

Das Buch für Marketingprofis in Agenturen und Unternehmen

Der vom Deutschen Direktmarketingverband (DDV) alljährlich ausgelobte Deutsche Dialogmarketing Preis (ddp) ist der bedeutendste Wettbewerb für Dialogkommunikation im deutschsprachigen Raum. Die aus über 270 Einreichungen ermittelten Preisträger des Jahres 2002 werden erstmals in einem Buch veröffentlicht. Dieses enthält die ausführliche Darstellung der Winner-Kampagnen nebst Begründungen sowie Beiträge zu aktuellen Trends. Das Buch bietet so einen fundierten Überblick über die aktuelle Diskussion und ist zugleich ein unentbehrlicher Helfer für alle, die sich in Agenturen, Firmen und Verbänden mit der Konzeption und Umsetzung erfolgreicher Dialogkampagnen beschäftigen.

ddp 2002 – Jahrbuch Best of Dialogmarketing (Hrsg.: DDV)

Hardcover, 216 S., über 400 farbige Abb., Varus Verlag, Bonn, ISBN 3-928475-55-X, 50,- €,
Erhältlich in allen Buchhandlungen oder direkt beim Varus Verlag:
fon 0228/944 66 0 – fax 0228/944 66 66 – mail shop@varus.com

THOMAS SPIES

Interviews
Integrierte Kommunikation macht Marken

Erfahrungen und Perspektiven aus Unternehmenssicht

Die B-to-B-Kampagnen, die uns heute auf den verschiedenen Kommunikationskanälen begegnen, sind in etwa so vielfältig wie das Spektrum der Branchen, die Industriegüterwerbung betreiben. Dabei sind die Werbefeldzüge kaum noch von den großen, globalen und beliebten B-to-C-Werbekampagnen zu unterscheiden: B-to-B-Markenbotschaften sind heute emotionalisiert, weil sie sich von der Consumer-Werbung haben inspirieren lassen. Denn was für Nivea und Ikea gilt, das muss auch für Kabel oder Motorenteile gelten.

Wie aber sind die unterschiedlichen Unternehmen dazu gekommen, ihre Werbung umzukrempeln, wann haben sie sich entschlossen, neue Werbewege zu beschreiten und was kam bei der Entrümpelung heraus? Fragen, die auf den Nägeln brennen – und die wir deshalb von den Menschen beantworten lassen, die für die integrierte Kommunikation ihrer Unternehmen verantwortlich sind: bei

– Eternit AG
– GLI Gesellschaft für Logistik und Informationssystem mbH
– Ideea Dekorationsbau GmbH
– Igepa Group
– KölnMesse GmbH
– Lufthansa Cargo AG
– MAGNA STEYR
– OCTANORM VertriebsGmbH
– Siemens AG
– ThyssenKrupp Automotive AG
– Yukom Medien GmbH

Redakteur
Ressortleiter Marketing
und Kommunikation
Schimmel Verlag
GmbH & Co. KG

JOCHEN DOSCH

KölnMesse GmbH

Integrierte Kommunikation bedeutet den einheitlichen Auftritt einer Marke über verschiedene Medien hinweg. Seit wann betreiben Sie Ihre B-to-B-Werbung als Integrierte Kommunikation?

– Grundsätzlich ist Integrierte Kommunikation kein Thema, das bei uns an einem konkreten Zeitpunkt festgemacht werden kann. So wird dies seit langem sowohl für die Unternehmensmarke KölnMesse als auch für die einzelnen Veranstaltungen praktiziert. Allerdings hat das Thema an Dringlichkeit gewonnen. Gründe hierfür sind u.a.:
– Communication Overload macht es immer schwieriger, mit den Botschaften durchzudringen und erfordert damit eine gestalterische Integration und insbesondere eine inhaltliche im Sinne der Markenbotschaft,
– Zunahme der Kommunikationskanäle, es seien hier nur Internet und mobile Handys oder PDAs genannt,
– Fragmentierung von Zielgruppen
– sowie Kosten- bzw. Ertragsdruck

Welche Kommunikationskanäle nutzen Sie?
Grundsätzlich das gesamte Spektrum je nach Zielsetzung von klassischer Mediawerbung über Direct Mails bis hin zu den elektronischen Medien

Welche spezifischen Merkmale kennzeichnen Ihre B-to-B-Werbung?
Da wir mit unseren Messen in unterschiedlichsten Märkten oft auf weltweiter Basis agieren, müssen wir zusätzlich nationalen Erfordernissen gerecht werden. Das ist hochinteressant, aber auch eine große Herausforderung, insbesondere auch im Sinne des Ressourceneinsatzes.

Welche unmittelbare Auswirkung hatte der Einsatz von Integrierter Kommunikation auf Ihr Tagesgeschäft?
Integration lebt und stirbt mit dem Bewusstsein aller beteiligten Funktionen, Abteilungen und Dienstleister. Das erfordert eine stringente Steuerung und eine solide Markenplattform.

Welche Perspektiven sehen Sie künftig für Ihr Unternehmen?
Unsere Veranstaltungen sind Impulsgeber in vielen Branchen. Dieses Profil müssen wir zukünftig stärken und noch klarer vermitteln. Damit wird die Bedeutung und die Anforderungen an integrierte Kommunikation weiter zunehmen.

Leiter Marketing-Kommunikation

JAN R. KRAUSE

Eternit AG

Integrierte Kommunikation bedeutet den einheitlichen Auftritt einer Marke über verschiedene Medien hinweg. Seit wann betreiben Sie Ihre B-to-B-Werbung als Integrierte Kommunikation?

Seit Gründung des eigenständigen Vertriebs Fassade und Ausbau innerhalb der Eternit AG im Januar 2000 verfolgen wir konsequent ein zielgruppenspezifisches Kommunikationskonzept. Dabei setzen wir auf ein integriertes Dialogmarketing mit unterschiedlichen Medien.

Welche Kommunikationskanäle nutzen Sie?

Mit Fach- und Anwendungsdokumentationen informieren Service-Center und Fachberater gezielt Architekten, Bauherren, Verarbeiter und Baustoffhandel. Architektur- und Baufachpresse nutzen wir als wichtige Plattform für die Darstellung beispielhafter Architektur mit Eternit. Im Internet stellen wir u.a. umfangreiche Datenbanken mit Ausschreibungstexten und CAD-Details zur Verfügung. Mit einem E-Mail-Newsletter informieren wir regelmäßig über aktuelle Architekturbeispiele, neueste Produktentwicklungen und interessante Termine. Mailings und Telefonmarketingaktionen mit sorgfältig ausgewählten Adressen unterstützen die aktive Marktbearbeitung. Mit kleinen Gruppen erarbeiten wir individuelle Themen in Workshops und Seminaren

Welche spezifschen Merkmale kennzeichnen Ihre B-to-B-Werbung?

Wichtigstes Merkmal unserer Kommunikationsstrategie ist die differenzierte Zielgruppenansprache. Innerhalb der Zielgruppen wiederum gibt es sorgfältig aufeinander abgestimmte Kommunikationsbausteine. Für Architekten sind dies z.B. maßgeschneiderte Kommunikationsmaßnahmen für unterschiedliche Stationen der Berufslaufbahn und individuelle Services für unterschiedliche Leistungsphasen.

Welche unmittelbare Auswirkung hatte der Einsatz von Integrierter Kommunikation auf Ihr Tagesgeschäft?

Im Dialog ist es gelungen, Eternit nicht nur als Hersteller von Fassadentafeln, sondern vor allem als fachlich qualifizierten Partner an der Seite von Planern, Bauherren, Handwerk und Handel zu platzieren. Diese anerkannte Kompetenz für Fassade und Ausbau wird unterstrichen durch eine anspruchsvolle Grafik, sachliche Texte und ausgesuchte Architekturqualität

Welche Perspektiven sehen Sie künftig für Ihr Unternehmen?

Dipl.-Ing. Arch.,
Leiter Kommunikation
Marketing Fassade
und Ausbau

Mit dem integrierten Kommunikationskonzept und dem Expertentum von Eternit besteht die Chance, unter den Fassadenfirmen die Nummer 1 in puncto Beratungs- und Servicekompetenz zu werden. Damit eröffnen sich interessante Perspektiven auch für Cross-Selling- und Export-Aktivitäten.

PETER BRÜGGEMANN

Ideea Dekorationsbau GmbH

Integrierte Kommunikation bedeutet den einheitlichen Auftritt einer Marke über verschiedene Medien hinweg. Seit wann betreiben Sie Ihre B-to-B-Werbung als Integrierte Kommunikation?
Seit 1999

Welche Kommunikationskanäle nutzen Sie?
Pressearbeit mit Fachartikeln und Ladungsveranstaltungen, Anzeigenschaltung in Fachmagazinen, Mailingaktionen, Messeauftritte, persönliche Ansprache von potenziellen Kunden, Präsente

Welche spezifischen Merkmale kennzeichnen Ihre B-to-B-Werbung?
- Herausstellung der Marke als innovative Dienstleistung
- Unterscheidung der Marke von Mitbewerbern in Qualität, Geschwindigkeit und Zuverlässigkeit der Ausführung
- Darstellung der Firma als einzige der Branche mit Zertifikat DIN EN ISO 9001 für Qualitätsmanagement
- Kommunikation des Alleinstellungsmerkmales „Showlab"; Ideea verfügt als einziger Messe- und Dekorationsbauer in Deutschland über einen Showroom, in dem interaktive virtuelle Welten in 3D und Maßstab 1:1 erfahren werden können.

Welche unmittelbare Auswirkung hatte der Einsatz von Integrierter Kommunikation auf Ihr Tagesgeschäft?
- Steigerung der Übersichtlichkeit und Vereinheitlichung von Aussagen
- Qualifizierung der Kommunikation und Steigerung der Effizienz
- Herausarbeitung der Gemeinsamkeiten und Unterschiede der Kommunikation in den fünf verschiedenen Märkten, in denen die Firma anbietet (Film, TV, Theater, Events, Messen), sodass eine Vereinfachung des Tagesgeschäftes in diesem Bereich erzielt wird.

Welche Perspektiven sehen Sie künftig für Ihr Unternehmen?
- Die Profilierung der Firma als Marktführer in Teilmärkten wird fortgeführt.
- Die Investitionen in innovative Techniken tragen Früchte und binden Altkunden stärker bzw. akquirieren Neukunden.
- Die Effektivität wird weiter erhöht, die Rentabilität gestärkt.
- Die Wahrnehmung in den Zielgruppen verbessert sich.
- Die Marke etabliert sich weiter in den traditionellen vier Märkten und verstärkt im Messebaubereich.
- Die integrierte Kommunikation wird verfeinert und ausgebaut.

Geschäftsführer

HEIKO MEHNEN

**GLI
Gesellschaft für
Logistik und
Informations-
systeme mbH**

Integrierte Kommunikation bedeutet den einheitlichen Auftritt einer Marke über verschiedene Medien hinweg. Seit wann betreiben Sie Ihre B-to-B-Werbung als Integrierte Kommunikation?

Die GLI entwickelt und vertreibt Software und Anwendungen im Bereich EDI, insbesondere EDIFACT (Electronic Data Interchange for Administration, Commerce and Transport/automatisierter Austausch strukturierter Geschäftsdokumente via DFÜ). Sie hat den ersten praxistauglichen EDIFACT-Konverter der Welt entwickelt und verfügt infolge weiterer technischer Innovationen und Produktneuentwicklungen in den Folgejahren heute über ca. 50% Marktanteil im Bereich EDIFACT und ca. 30% im Bereich EDI (deutscher Markt). Zu unseren Kunden gehören u.a. A.T.U., ALCATEL, ACCOR Hotels, ADAC, AGIP, Bayer, Bertelsmann, Bestfoods (UNILEVER), Bundeswehr, DaimlerChrysler, Deutsche Telekom, DGB, Hermes, Hugendubel, McDonalds ... B-to-B-Kommunikation ist für die GLI deshalb eine „conditio sine qua non" – ohne geht es nicht. Allerdings erfolgte diese Ansprache bislang nicht explizit in Form der Integrierten Kommunikation.

Welche Kommunikationskanäle nutzen Sie?

Internet, Messen, Anzeigen und Beiträge in Fachzeitschriften, Fachvertrieb, Broschüren/Prospekte, Trainings, Aktivität in Gremien, die sich mit der Entwicklung neuer Standards sowie mit Projekt-Neuentwicklungen befassen.

Welche spezifischen Merkmale kennzeichnen Ihre B-to-B-Werbung?

Inhaltliche Verständlichkeit, Übersichtlichkeit, Plausibilität – verbunden mit nachweislich hoher Fachkompetenz, Erfahrung, Seriosität, Zuverlässigkeit, hoher Nutzen-Orientierung, exzellentem Preis-Leistungsverhältnis sowie leichter Implementier- und Handhabbarkeit.

Welche Perspektiven sehen Sie künftig für Ihr Unternehmen?

Kundenansprache mittels Integrierter Kommunikation wird künftig erforderlich sein: Infolge unseres sich ständig erweiternden Produkt-Portfolios sowie der strategischen Allianz mit der bytecon GmbH, Bonn, gewinnen zunehmend Anwendungen im Bereich Rechnungsnachverarbeitung, der in- und externen Leistungsverrechnung – z.B. die software-gesteuerte Übermittlung von Telekommunikationsrechnungen mit der Möglichkeit unternehmensinterner Weiterverarbeitung samt Kostenstellenzuweisungen – sowie der Einsatz von EDIFACT im Zahlungsverkehr an Bedeutung. Nur die Integrierte Kommunikation bietet hier unseres Erachtens das geeignete Instrumentarium zur erfolgreichen Implementierung zukunftsstarker Produkte und Marken auch in neuen, agilen Märkten. Der damit verbundenen Herausforderung stellen wir uns deshalb gern.

Geschäftsführender
Gesellschafter

HUBERT HÖDL

MAGNA STEYR AG

Integrierte Kommunikation bedeutet den einheitlichen Auftritt einer Marke über verschiedene Medien hinweg. Seit wann betreiben Sie Ihre B-to-B-Werbung als Integrierte Kommunikation?
Unser Konzept zur Markenbildung wurde von Beginn an als integriertes Marken-Kommunikationskonzept erarbeitet. Die ersten Maßnahmen dieses Konzeptes wurden beim Messeauftritt SAE in Detroit/USA im März 2001 unserem Fachpublikum vorgestellt.

Welche Kommunikationskanäle nutzen Sie?
Anzeigen, PR Aktivitäten, Print (Broschüren, Verkaufsunterlagen...) Neue Medien, Messe- und Eventmarketing, Direktmarketing.

Welche spezifischen Merkmale kennzeichnen Ihre B-to-B-Werbung?
Authentischen, zukunftsorientierten und innovativen Imagetransfer, trotz absoluter Geheimhaltungspflicht von Forschungs- und Entwicklungsprojekten.

Welche unmittelbare Auswirkung hatte der Einsatz von
Integrierter Kommunikation auf Ihr Tagesgeschäft?
Unsere Grundbotschaft „more value – more car" definiert unseren Leistungsanspruch: einziger Zulieferpartner der Automobilindustrie mit Gesamtfahrzeug-Know-how zu sein. Diesen Anspruch transportieren wir auf allen Kommunikationsebenen und dieser wird von unseren Kunden positiv angenommen. Entwicklungs- und Produktionsaufträge vieler Hersteller von Premium Class-Fahrzeugen bestätigen uns den richtigen Weg. Die enge Kooperation mit BMW im Bereich Wasserstoffantrieb oder die Produktion des neuen BMW X3 sind nur einige Beispiele dafür.

Welche Perspektiven sehen Sie künftig für Ihr Unternehmen?
MAGNA STEYR ist eine neue Dimension in der Automobilzulieferindustrie.
Diese Position der Einzigartigkeit streben wir in allen Bereichen, die für den Erfolg unseres Unternehmens entscheidend sind, an. Konkret heißt dies, dass wir innovativ sind und für unsere Partner ständig nach neuen und besseren Lösungen suchen, dass wir aktiv auf unsere Partner zugehen und schnell und flexibel auf deren Bedürfnisse reagieren, und dass sich unsere Partner in allen Situationen auf uns und unsere Stabilität absolut verlassen können.

Executive Vice President
Marketing, Planning & Sales

HARALD EISENÄCHER

Lufthansa Cargo AG

Integrierte Kommunikation bedeutet den einheitlichen Auftritt einer Marke über verschiedene Medien hinweg. Seit wann betreiben Sie Ihre B-to-B-Werbung als Integrierte Kommunikation?

Lufthansa Cargo hat Anfang 2000 begonnen, die Kommunikation integriert zu gestalten. Die steigenden Kundenanforderungen und das erweiterte Produktportfolio haben einen klaren und eindeutigen Auftritt über alle Kanäle notwendig gemacht. In diesem Zusammenhang gab es einen Relaunch von fast allen Kommunikationsmedien inkl. dem Corporate Design.

Welche Kommunikationskanäle nutzen Sie?

Lufthansa Cargo nutzt neben der klassischen Werbung (Anzeigen in weltweiten Logistiktiteln) insbesondere das Direktmarkting / globale Mailings und E-Mailings mit unserem CRM-Tool und das Internet (Vernetzung von Promotions und Bannerwerbung). Daneben haben wir ein innovatives Kundenmagazin entwickelt (planet) und planen weitere Kundenbindungsaktivitäten. Zudem partizipieren wir an großen Messen und Events.

Welche spezifischen Merkmale kennzeichnen Ihre B-to-B-Werbung?

Unsere B-to-B-Werbung ist besonders kundenorientiert. So stehen z.B. keine Flugzeuge bei uns im Vordergrund, sondern Produkte unserer Kunden. Unser neuer Claim „The business to business class" unterstreicht dies deutlich. Wir haben einen „Boarding Pass" über alle unsere Medien eingeführt, der die Wiedererkennung erhöht. Die Zugehörigkeit zum Lufthansa-Konzern dokumentieren wir durch Logo-Farbe und Typo.

Welche unmittelbare Auswirkung hatte der Einsatz von Integrierter Kommunikation auf Ihr Tagesgeschäft?

Lufthansa Cargo hat mit der Integrierten Kommunikation einen deutlich positiven Effekt auf die Wiedererkennung der Marke erreicht und konnte die Positionierung in den Feldern Innovation und Wertorientierung deutlich erhöhen. Zudem konnten wir unser Budget effizienter einsetzen und die Marke globaler steuern.

Welche Perspektiven sehen Sie künftig für Ihr Unternehmen?

Die Perspektiven für Lufthansa Cargo sind hervorragend. Auf der kommunikativen Seite gilt es, die Emotionalisierung der Marke und step-by-step die Personalisierung voranzutreiben. Damit wird die Entwicklung zu einem globalen und dauerhaft profitablen Logistikdienstleister unterstützt.

Senior Vice President
Marketing

MANFRED HASENBECK

Yukom Medien GmbH

Integrierte Kommunikation bedeutet den einheitlichen Auftritt einer Marke über verschiedene Medien hinweg. Seit wann betreiben Sie Ihre B-to-B-Werbung als Integrierte Kommunikation?

Yukom empfiehlt stets die Integration aller Medien. Es muss eine ungebrochene Dramaturgie zwischen Kampagnen, Kundenmedien und dem Internet geben. Genauso müssen externe und interne Botschaften aufeinander abgestimmt sein. Die Mitarbeiter müssen auch wissen, was die Kunden wissen.

Welche Kommunikationskanäle nutzen Sie?

Die gesamte Bandbreite der Medien – von periodischen Kunden- und Mitarbeitermedien über Internet und E-Mail bis hin zu Handykommunikation. Aber auch Broschüren und Berichte. Ziel ist die Bildung einer crossmedialen Content-Plattform, über die sämtliche Kanäle gespeist werden können und so die Realisierung der Synergiepotenziale.

Welche spezifischen Merkmale kennzeichnen Ihre B-to-B-Werbung?

Corporate Publishing schlägt die Brücke zwischen Journalismus und Marketing und bietet hochwertige Inhalte, die eingebunden sind in konkrete Marketingstrategien.

Welche unmittelbare Auswirkung hatte der Einsatz von Integrierter Kommunikation auf Ihr Tagesgeschäft?

Unternehmen, die ihre interne und externe Kommunikation integrieren, können signifikante Kosten sparen, weil sie auf Kommunikationsinseln verzichten, die immer wieder das Rad neu erfinden. Das ist auch für unsere Kunden natürlich viel effektiver.

Welche Perspektiven sehen Sie künftig für Ihr Unternehmen?

Im Kommunikationszeitalter wird B-to-B-Kommunikation in Zukunft maßgeblich den Erfolg der Unternehmen bestimmen. Die Endkunden haben eine größere Lieferantenauswahl und sind mündiger geworden. Die Positionierung der ist eine originäre Kommunikationsaufgabe. Eine platte Image-Kommunikation alleine reicht nicht aus, um differenzierte Botschaften zu vermitteln. Wie sollen Kunden die Service- und Qualitätsunterschiede erfahren und begreifen? So wird es künftig verstärkt auf eine durchgängig komponierte (integrierte) Kommunikation über alle Kanäle mit maßgeschneiderten und individualisierten Inhalten ankommen, um den Kampf um die Kunden zu gewinnen.

Geschäftsführer

DR. KURT ORTHMANN

ThyssenKrupp Automotive AG

Integrierte Kommunikation bedeutet den einheitlichen Auftritt einer Marke über verschiedene Medien hinweg. Seit wann betreiben Sie Ihre B-to-B-Werbung als Integrierte Kommunikation?

Seit Jahren. In der Vergangenheit hatte Herr Hugo Emde die Marke Bilstein sehr stark aufgebaut und auch geprägt. Nach seinem Tod und dem Besitzwechsel der Firma Bilstein zur Hoesch und dann zu Krupp hatte im vorletzten Jahr eine Neuausrichtung der Aktivitäten stattgefunden.

Welche Kommunikationskanäle nutzen Sie?

Printmedien (Broschüren, Anzeigen etc.), Fernsehen (z.B. DSF-Europsport), Internet, Newsletter, Mailings, persönliche Besuche, Events mit Einzeldiskussionen, Zugfaktor von bekannten Persönlichkeiten im Autoteilemarkt.

Welche spezifischen Merkmale kennzeichnen Ihre B-to-B-Werbung?

Die Werbung ist aus einem Guss. Die Aufmachung in Printmedien, Fernsehen und Internet ist einheitlich und betont dennoch den Spaß, den der Kunde mit dem Produkt haben kann, d.h. sehr starke Ausrichtung auf den Erlebniswert eines an sich schwer erläuterbaren Produktes. Das Produkt ist an sich nicht sichtbar und muss in seiner Wirkung dem Kunden verständlich gemacht werden. Hauptaugenmerk sind die persönlichen Erfahrungen und die „Erfahrungen anderer" mit dem Produkt.

Welche unmittelbare Auswirkung hatte der Einsatz von Integrierter Kommunikation auf Ihr Tagesgeschäft?

Steigerung des Umsatzes und Neugewinnung vieler neuer großer B-to-B-Kunden durch den Ansatz.

Welche Perspektiven sehen Sie künftig für Ihr Unternehmen?

Ausdehnung der Marktanteile, Umsätze und Ergebnisse durch die am Markt sehr gut aufgenommene Werbung.

Leiter E-Business

STEFANIE ARGAUER

OCTANORM VertriebsGmbH

Integrierte Kommunikation bedeutet den einheitlichen Auftritt einer Marke über verschiedene Medien hinweg. Seit wann betreiben Sie Ihre B-to-B-Werbung als Integrierte Kommunikation?

Im Hinblick auf die EuroShop '99 in Düsseldorf begannen die ersten konzeptionellen Arbeiten Anfang 1998. Bereits die Image-Anzeigen im Vorfeld der Messe waren verzahnt mit dem späteren Messeauftritt. Die Messe-Imagebroschüre vertiefte dann, mit welchem Selbstverständnis wir uns für unseren Markt engagieren.

Welche Kommunikationskanäle nutzen Sie?

Wir bedienen uns der klassischen Medien, haben zunehmend gute Erfahrungen mit Direct-Mailings gemacht und setzen stark auf unsere Präsenz im Internet. Jedoch bleiben für uns der Faktor Mensch und die persönlichen Kontakte vorrangig. Das wurde auch wieder auf der EuroShop 2002 deutlich. Die Stabilität unseres Vertriebsnetzes steht an erster Stelle. Denn Investitionen sind Vertrauenssache – und gute Geschäfte werden zwischen Menschen gemacht, die sich kennen.

Welche spezifischen Merkmale kennzeichnen Ihre B-to-B-Werbung?

Wir setzen auf eine starke Emotionalisierung unserer Botschaften. Damit wollen wir uns von der überwiegend techniklastigen Werbung absetzen und für unsere Zielgruppen „erlebbar" werden. Weil wir unsere Zielgruppen genau kennen, können wir die „Nutzen"-Botschaft deutlich, sauber profiliert und direkt formulieren. Denn nur wer seinen Nutzen erkennt, wird hinsehen, hinhören und uns „erleben".

Welche unmittelbare Auswirkung hatte der Einsatz von Integrierter Kommunikation auf Ihr Tagesgeschäft?

Das Erstellen von Briefings und Konzepten ist um ein vielfaches effektiver, folgerichtig und konsequent. Jedoch werden die Aufgabenstellungen komplexer. Synergie-Effekte verkürzen Entscheidungsprozesse im Unternehmen und sparen uns Zeit und Geld bei der Realisation von Einzelmaßnahmen.

Welche Perspektiven sehen Sie künftig für Ihr Unternehmen?

Da es OCTANORM nun über 30 Jahre gibt, jedoch erst seit fünf Jahren Integrierte Kommunikation betrieben wird und sich unsere Dialogwerbung im Aufbau befindet, ist es noch nicht konkret abzusehen, was die Zukunft bringt. Aber wir denken, dass riesige Potenziale bestehen im Dialog mit Architekten, Mittlern und Händlern sowie den ausstellende Unternehmen. Der momentane Kostendruck für viele Unternehmen einerseits und die zusätzlichen Systemfreiheiten unserer Neuentwicklungen andererseits werden deutlich machen, dass das System günstiger und flexibler ist, als oft angenommen wird. – Wir sind optimistisch.

Leiterin Werbung / Kommunikation

WOLFGANG TIMMERMANN

Siemens AG

Integrierte Kommunikation bedeutet den einheitlichen Auftritt einer Marke über verschiedene Medien hinweg. Seit wann betreiben Sie Ihre B-to-B-Werbung als Integrierte Kommunikation?

Integrierte Kommunikation in unserer B-to-B-Werbung betreiben wir bei Siemens auf dem Sektor Elektroinstallationstechnik seit den frühen achtziger Jahren. Je nachdem, welche Kanäle uns technisch und medial zur Verfügung standen.

Welche Kommunikationskanäle nutzen Sie?

Eigentlich alle zur Zeit möglichen Kanäle. Also Anzeigen, Directmailings, Druckschriften, Messen, Ausstellungen und Kundenveranstaltungen, eigene Kundenzeitschriften, POS-Aktionen und -Werbemittel, audiovisuelle Medien (Off- und Online).

Welche spezifischen Merkmale kennzeichnen Ihre B-to-B-Werbung?

Wir nutzen fast immer die schnellsten Informationskanäle, um unsere Zielgruppen direkt und umfassend zu informieren. Dazu gehören in erster Linie Mailingaktionen, E-Mail-Newsletter und das Internet.

Welche unmittelbare Auswirkung hatte der Einsatz von Integrierter Kommunikation auf Ihr Tagesgeschäft?

Wir, unsere Agenturen und sonstigen Lieferanten müssen verstärkt vernetzter denken und uns stärker koordinieren. Nur so können wir eine durchgängig integrierte Kommunikation national und international auf hohem Niveau sicherstellen. Das heißt natürlich, dass wir bei der Auswahl der Partner strenge Maßstäbe setzen.

Welche Perspektiven sehen Sie künftig für Ihr Unternehmen?

Dank neuer Vertriebswege und der Erschließung weiterer Kundengruppen sehen wir für das von uns angebotene Produktspektrum „Elektroinstallationstechnik" noch Wachstumschancen. Nicht nur in Deutschland, sondern auch auf internationalen Märkten.

Leiter Marketing
Communication
für Elektroinstallationstechnik
und Elektrogroßhandel

BERND-D. PFEUFFER

Igepa Group

Integrierte Kommunikation bedeutet den einheitlichen Auftritt einer Marke über verschiedene Medien hinweg. Seit wann betreiben Sie Ihre B-to-B-Werbung als Integrierte Kommunikation?

Im klassischen Sinne betreiben wir B-to-B-Werbung als integrierte Kommunikation schon seit den frühen sechziger Jahren. Als Handelsunternehmen waren wir schon immer mit Eigenmarken kommunikativ sehr streng auf ein Corporate Design ausgerichtet. In der jüngeren Entwicklung betreiben wir seit etwa drei Jahren sehr intensiv den Dialog über die Ansprache per Mailing und natürlich über unseren Online-Auftritt. .

Welche Kommunikationskanäle nutzen Sie?

In erster Linie die Ansprache der Kunden und Entscheider durch unsere Fachberaterinnen und Fachberater, die im persönlichen Gespräch unsere Produkte und die damit verbundenen Nutzen präsentieren. Zusätzlich nutzen wir sehr intensiv den Kommunikationskanal Mailing, teilweise mehrstufig.

Welche spezifischen Merkmale kennzeichnen Ihre B-to-B-Werbung?

Für unsere Produkte, die grundsätzlich im jeweiligen Premiumsegment positioniert sind, stellen wir die objektiven Leistungsmerkmale heraus und produzieren generell auf Originalbedruckstoffen.

Welche unmittelbare Auswirkung hatte der Einsatz von Integrierter Kommunikation auf Ihr Tagesgeschäft?

Wir haben auf diesem Wege bestehende Kunden- und Entscheiderkontakte weiter etablieren können, und zusätzlich ist es damit gelungen, neue potenzielle Zielgruppen zu erreichen.

Welche Perspektiven sehen Sie künftig für Ihr Unternehmen?

Im Zuge unserer Internationalisierung werden wir unsere Position als ein führendes Papiergroßhandelsunternehmen weiter etablieren. Schon heute ist die Igepa group in vielen europäischen Ländern durch verbundene Unternehmen vertreten. Unser Leistungsspektrum werden wir durch ein weiter optimiertes Sortiment, vor allem durch die Aufnahme weiterer Druckstoffe, noch interessanter für unsere Kunden gestalten. Wir sind weiter optimistisch und sehen ein solides Wachstum für Printmedien.

Leiter Marketing
und Kommunikation

DIE JURY 2002

Unternehmen

JOCHEN DOSCH	Leiter Marketing-Kommunikation KölnMesse GmbH
PETER DROBIL	Abteilungsleiter Werbung Bank Austria AG
WERNER KAMINSKI	Leiter Werbung Fels Werke GmbH
DR. ANDREAS KNAUT	Leiter Unternehmenskommunikation Verlagsgruppe Handelsblatt
HANS LUDWIG KÖNIG	Leiter Werbung / Verkaufsförderung Messe Düsseldorf
MARTINA LANGNICKEL	Leiterin Marketing-Kommunikation YTONG AG
LOTHAR PETRI	Marketing-Manager Krupp-Bilstein GmbH
HEINER SIEGER	Mitglied der Geschäftsleitung Tenovis GmbH & Co. KG

Agenturen

ODO-EKKE BINGEL	Präsidium kommunikationsverband.de, BrandCamp
PETER HABERSACK	Geschäftsführer b.a.s. dialog GmbH
JOHANN C. FREILINGER	Geschäftsführer FCBi Deutschland GmbH
TORSTEN FUHRBERG	Geschäftsführender Gesellschafter MCO Marketing Communication Organisation
THOMAS E. J. MEICHLE	Geschäftsführer RTS RiegerTeam
ULRICH TILLMANNS	Geschäftsführender Partner Ogilvy & Mather Special GmbH & Co. KG

Medien und Lehre

SIEGRID BECKER	Redakteurin HORIZONT, Verlagsgruppe Deutscher Fachverlag
HARTMUT BRENDT	Anzeigenleiter VDI-Nachrichten / GWP media-marketing
ERNST A. HESTERMANN	Verlagsleiter MM Maschinenmarkt Vogel Verlag und Druck GmbH & Co. KG
DR. MICHAEL TH. KRIS	Redakteur MarketingReport Health Science & Communications SC
CARSTEN PRUDENT	Redakteur impulse Gruner + Jahr Verlag
PROF. GERHARD SCHUB VON BOSSIAZKY	Leiter des Forschungsschwerpunktes Kommunikation Fachhochschule Düsseldorf

Jury Multimedia

CHRISTOPH VON DELLINGSHAUSEN	CEO/Managing Partner BBDO Interactive GmbH
FRANK ENGELHARDT	Leiter Marketing Sedus Stoll AG
ALEXANDER EWIG	Geschäftsführer concept! AG
HANS-JÜRGEN KREITZ	Geschäftsführer ComUnique GmbH & Co.
JOCHEN SMIDT	Creative Director Ogilvy & Mather Special GmbH & Co. KG

JURYSTATEMENTS

ODO-EKKE BINGEL
Präsidium
kommunikationsverband.de
BrandCamp

Erstens: Ende der 70er Jahre hat der BDW, heute der kommunikationsverband.de, Integrierte Kommunikation in Deutschland angeschoben. Schade, dass die heutige B-to-B-Marketinggeneration die Chancen und Erfahrungen selten nutzt.

Beste Beispiele sehen Sie im täglichen Wettbewerbsumfeld.

Zweitens: Es gelingt den Kreativen immer wieder, Markenbotschaften so zu formulieren, dass diese überraschen, ohne das Kontinuum des Markenbildes zu verletzen. Beste Beispiele sehen Sie in diesem Buch.

PROF. GERHARD SCHUB
VON BOSSIAZKY
Leiter des Forschungsschwerpunktes Kommunikation Fachhochschule
Düsseldorf

In einem Jahr der Werbekrise wäre es erfreulich gewesen, wenn noch viel mehr Einreichungen dem Wunsch der Auftraggeber nach mehr Werbewirksamkeit entsprochen hätten – und dass es viel mehr hochkreative und stark wirksame Kampagnen und Objekte gegeben hätte.

Dies ist keine Kritik an den Einreichungen, sondern der Hinweis, dass es in der gegenwärtigen Krise im Werbemarkt offensichtlich nicht ganz einfach ist, den Mut zu Neuem aufzubringen.

Letztlich aber gehört zur Überwindung der Krise auch neues, strategisches, ganzheitliches Denken. Es reicht nicht, abzuwarten und dann weiter „as usual" zu machen.

ALEXANDER EWIG
Geschäftsführer
concept! AG

In der Masse waren die Einreichungen schwächer, dafür aber in der Spitze viel, viel besser. Auch wenn natürlich immer viel durchs Raster fällt, geben die Einreichungen doch ein gutes Gesamtbild der Multimedia-Landschaft ab.

Zwei Trends konnte ich erkennen:

Erstens: Es entstehen wieder Seiten, die einen hohen ästhetischen Anspruch haben (z.B. milla, q-zone, activtest etc.).

Zweitens: Die Seiten sind alle perfekt realisiert – die Agenturen beherrschen inzwischen ihr Handwerk. Es fehlen jedoch inhaltlich richtig neue Ideen.

JURYSTATEMENTS

PETER DROBIL
Abteilungsleiter Werbung
Bank Austria Creditanstalt,
Wien

Was ist da los? An so vielen schlechten Kampagnen kann nicht der 11.9.2001 schuld sein (er muss sowieso bereits für alles und jedes herhalten). So „genussvoll" habe ich selten Juroren rein oder raus wählen gesehen, nicht aus Schadenfreude, aus Erleichterung, wie rasch man sich schlechter Werbeware entledigen kann und sie nicht mehr sehen muss. Schon in dieser Phase war klar, es kann nur weniger Metall als im letzten Jahr geben. Nehmen wir uns doch selber bei der Nase: je schnelllebiger die Werbung wird, umso weniger wird auf Qualität geachtet, oder sollten die besten Arbeiten wieder einmal nicht eingereicht worden sein?

HARTMUT BRENDT
Anzeigenleiter,
VDI-Nachrichten /
GWP media-marketing

Die Qualität der Einsendungen hat in diesem Jahr erfreulich zugenommen, das zeigte sich bei vielen beeindruckenden Arbeiten.

Leider enttäuschte meines Erachtens die Königsdisziplin „Integrierte Kommunikation." Nur schwer erschloss sich dem Betrachter bei zahlreichen Arbeiten die kreative Leitidee, bzw. die zentrale Werbebotschaft oder die Konsequenz eines durchgestalteten Konzeptes. Der Medaillienspiegel bestätigt die „geringe Ausbeute". Hier liegt die Herausforderung für das nächste Jahr!

Was aber auch zählt, ist der BoB an sich. Immer wieder begeistert das Forum, das sich hier trifft. Die Diskussion über Werbung und Kommunikation, die unterschiedlichsten Sichtweisen oder einfach das Gespräch miteinander. Dazu ein optimaler Workshop-Rahmen und ein großzügiger Gastgeber.

Die werbliche Kommunikation braucht den BoB und alles was dazu gehört!
Der Einsatz lohnt sich!

JOCHEN DOSCH
Leiter Marketing
Kommunikation
KölnMesse GmbH

Die Jurysitzung ist wie eine Live-Simulation der Informationsüberflutung im alltäglichen Leben. Dabei trennt sich in drastischer Weise sehr schnell die Spreu vom Weizen, sprich Daten von Informationen und Umsetzungen von Ideen. Die natürliche Auslese ist hart, aber eben nur die Besten überleben.

JURYSTATEMENTS

PETER HABERSACK
Geschäftsführer
b.a.s. dialog GmbH

Für mich als „Neuen" zwei spannende Tage in der Jury. Kontroverse und interessante Diskussionen mit Jurymitgliedern aus unterschiedlichen Disziplinen. Und letztendlich große Übereinstimmung bei den Preisträgern. B-to-B-Kommunikation ist erwachsen und kreativ geworden und zeigt unterschiedlichste Facetten. Ein Schuss mehr Emotionalität in der Breite könnte nicht schaden, und „integrierte Kommunikation" ist noch zu oft nur die Anzeigenkampagne mit dem adäquaten Internetauftritt. Aber die B-to-B-Kommunikation ist deutlich auf dem besten Weg.

JOHANN C. FREILINGER
Managing Director
FCBi Deutschland

Vor einigen Jahren habe ich mich einmal darüber beschwert, dass immer dieselben Agenturen beim Best of Business-to-Business gewinnen. Ganz offen: Ich konnte einfach nicht glauben, dass da alles mit rechten Dingen zugeht. Die Antwort des Kommunikationsverbandes kam schnell und eindeutig: Es war eine Berufung in die Jury. Nach der Teilnahme kann ich mit Sicherheit sagen: Es geht alles mit rechten Dingen zu. Die Jury hat es sich nicht einfach, sondern sogar schwer gemacht.

Die Jurierung war hart, aber gerecht. Und wenn auch dieses Mal einige der bekannten Agenturen Awards gewonnen haben, lag das weder an deren „gutem Namen" noch an der Größe und Wichtigkeit des jeweiligen Auftraggebers. Es lag dann einfach daran, dass dort die kreativere und überraschendere B-to-B-Werbung entstanden ist. Für all diejenigen Agenturen, die nicht auf der Shortlist sind und/oder keine Auszeichnung erhalten haben, mag all dies kein Trost sein. Dass aber gute B-to-B-Werbung – egal von wem sie ist und für wen sie gemacht wurde – immer gewinnen wird, das macht Mut für das nächste Jahr.

DR. ANDREAS KNAUT
Bereichsleiter
Unternehmenskommunikation
Verlagsgruppe Handelsblatt

Die eingereichten Arbeiten waren in diesem Jahr insgesamt doch enttäuschend. Die B-to-B-Werbung zeigt, dass sie kreativ gesehen der Rolle des kleinen Bruders der Publikumswerbung längst entwachsen ist. Viele modernen B-to-B-Kampagnen genügen in Anmutung und Layout längst allen gängigen kreativen Anforderungen. Jedoch weiterentwickelt hat sich B-to-B-Werbung auch nicht. Im Gegenteil: Im klassischen Bereich verharrt die Kreation eher in einem Stillstand. Die Doppelseite folgt vielfach immer noch gerne dem Prinzip links Bild, rechts witziger Spruch plus erklärende Copy. Überrascht hat mich dagegen so manche Direktkampagne. Hier wurden mit viel Liebe zum Detail teilweise sehr kreative Ideen entwickelt.

JURYSTATEMENTS

WERNER KAMINSKI
Leiter Werbung
FELS-WERKE GmbH

Mit dem ersten Rundgang und dem damit verbundenen ersten Eindruck wurde der Beruf des Werbeerklärers für mich immer wahrscheinlicher und augenscheinlich sinnvoller. Bei vielen Kreationen ließ sich deren Botschaft nur mit viel Wohlwollen oder eigener Kreativität und Lust am Rätseln entschlüsseln, Produktionen zwischen Versand von Sondermüll und herzlos zusammengewürfelten Belanglosigkeiten.

Zum Teil war zwar eine sehr schöne Grundidee zu erkennen; diese wurde aber aus den verschiedensten Gründen, über die ich mutmaßen muss, in der Realisierung konterkariert. Teilweise hatte man das Gefühl, dass Auftraggeber und Agentur in Klausur gegangen sind, sich in wilde Gedanken verloren haben (und sicher dabei auch ihren Spaß hatten), nun aber der Rezipient sehen muss, wie er damit fertig wird. Das ging durch alle Branchen und Themen. Auch Agenturakquisen waren nicht frei davon. Es ist also nicht immer der Kunde, der in die ggf. falsche Richtung zwingt. Da bleibt einem nur die Notwehr des Wegschauens.

Aber es gab Gott sei Dank auch echte Highlights, die einem sofort die Begehrlichkeit des Angebotes darlegten. Gerade im Bereich B-to-B ist es ausgesprochen wichtig, den Informationszugang zwischen Aufmerksamkeit, Wertigkeit und Botschaft in eine ästhetische Balance zu bringen. Die benannten Preisträger dokumentieren dies sehr positiv.

DR. MICHAEL TH. KRIS
MarketingReport
Health Science &
Communications SC

Eine unaufdringlich gute Organisation (Vogel Verlag), viele – und einige herausragende – Beiträge, hohe Streitkultur in den Sitzungen und interessante Gespräche „zwischen den Zeilen" bei gutem Essen im „Alten Kranen" haben einen runden, schönen Eindruck hinterlassen, der auch durch 80 Minuten ICE-Verspätung nach Hause nicht nachhaltig beschädigt werden konnte.

MARTINA LANGNICKEL
Leitung
Marketing-Kommunikation
YTONG Deutschland AG

Kontroverse Diskussionen mit kompetenten Kollegen und qualifizierte Entscheidungen in entspannter Atmosphäre haben diese zwei Tage komplexe Jury-Arbeit zum wahren Vergnügen gemacht! Ich freue mich, dabei gewesen sein zu dürfen.

JURYSTATEMENTS

HANS LUDWIG KÖNIG
Leiter Werbung/
Verkaufsförderung
Messe Düsseldorf

Erstmalig Mitglied der Jury, hat mich die bunte Vielfalt und Menge der über 300 Einsendungen beeindruckt und beinahe erschlagen. Die gut vorbereitete Segmentierung der Präsentation hat dann aber doch eine differenzierte Betrachtung ermöglicht.

Zum Trost derer, die nicht zu den Preisträgern 2002 zählen, sei erwähnt, dass ich mir zur qualifizierten Bewertung der Einreichung manchmal gewünscht hätte, mich noch intensiver mit den konzeptionellen Hintergründen beschäftigen zu können, die bei manchen Einreichern leider nicht sehr ausführlich dargestellt waren.

THOMAS E. J. MEICHLE
Geschäftsführer
RTS RiegerTeam

Über 300 Einsendungen, 19 Juroren, 10 Stunden Bewertung und Diskussion und das Fazit: Das muss noch besser werden.

Die Beispiele zur Integrierten Kommunikation zwischen Durchschnitt und Katastrophe. Die Agentur-Eigenwerbungen von bemüht bis krampfhaft. Und auch Direktwerbung und Verkaufsförderung bringen außer ein paar Highlights wenig auf die Beine. Es gibt aber auch Lichtblicke: Die Druckschriften haben eindeutig wieder an Qualität zugelegt. Und die Anzeigenkampagnen können sich wirklich sehen lassen. Was sagt uns das? Die „tot gesagten" klassischen Disziplinen werden von Kunden und Agenturen wohl doch nicht so stiefmütterlich behandelt. Und die „angesagten" Dinge wie Verkaufsförderung und Direktwerbung werden nicht automatisch dadurch besser, indem man sie strategisch wichtig macht. Und schließlich: Integrierte Kommunikation wollen und Integrierte Kommunikation machen sind eben immer noch zwei unterschiedliche Paar Stiefel.

Sei es drum. Der BoB ist gut für gute B-to-B-Werbung. Und gute B-to-B-Werbung ist gut für den BoB. Warum sind nächstes Jahr eigentlich nicht doppelt so viele Einsendungen dabei?

CHRISTOPH VON
DELLINGSHAUSEN
CEO/Managing Partner
BBDO Interactive GmbH

Multimedia – und hier speziell B-to-B – hat sich einer größtenteils ernüchternden Sachlichkeit zugewandt. Die wenigen herausragenden Beispiele zeigen, dass es auch anders geht – denn auch Business-Zielgruppen wollen emotionalisiert werden.

Ich wünsche mir mehr Mut der Kunden zu ungewöhnlicheren Lösungen – das kreative Potenzial der Agenturen ist vorhanden.

JURYSTATEMENTS

LOTHAR PETRI
Marketing-Manager
Krupp-Bilstein GmbH

Der Witz oder die Lautstärke von Konsumgüterwerbung im Bereich erklärungsbedürftiger technischer Güter – echte B-to-B-Kommunikation – exzellent in Text und Art umgesetzt – durchdekliniert in allen Medien und Kommunikationskanälen – war auch beim BOB 2002 viel zu gering vertreten. Es hält sich ein Mittelfeld von Einreichungen zu Integrierter Kommunikation, dessen Ansatz über eine Kongruenz im Visual von Broschüre und Website nicht hinauskommt. Die Kategorie Direktwerbe/ Verkaufsförderungs-Kampagnen hat sich weiterhin gut entwickelt. Die Highlights habe ich hier wahrgenommen.

CARSTEN PRUDENT
Ressortleiter Management
Redaktion impulse

Auf Auszeichnung warteten, neben vereinzelten Lichtblicken: Integrierte Kampagnen, deren Intergrationsleistung sich darauf beschränkt, ein und dasselbe Motiv in Anzeige, Mailing und Internet zu präsentieren. Was ist aus der Zauberformel von der Integrierten Kommunikation geworden?

Dazu jede Menge Anzeigenserien, die nur knapp an den staubtrockenen Produktbeschreibungen der 80er Jahre vorbeischrammten. Hat die Werber der Mut verlassen?

Und schließlich die üblichen Mailings mit oft sperriger Verpackung und rätselhafter Botschaft. Wie viel Zeit und Geduld wird den Empfängern wohl zugetraut?

PS: Und wo bleibt die viel zitierte Emotionalität der modernen B-to-B-Kommunikation? Tatsächlich gehen manche Kampagnen durchaus unter die Haut. Doch sind dies vor allem jene, die sich mit Sujets wie Hautkrebs, gefährlichen Infektionskrankheiten oder Notfallmedizin („Ich war tot") auseinandersetzen. Zufall? Oder Zeitgeist?

HEINER SIEGER
Mitglied der Geschäftsleitung
Tenovis GmbH & Co. KG

B-to-B-Kommunikation steckt in Deutschland in den Kinderschuhen. Ein enttäuschend großer Teil der eingereichten Arbeiten kam nicht mal in die Nähe einer möglichen Auszeichnung. Erschreckend niedrig war in den einzelnen Kategorien der Durchschnitt der von dem Experten-Gremium vergebenen Noten. Richtig nachgedacht über die zu kommunizierende Aussage, die gewünschte Wirkung, die angesprochene Zielgruppe oder die intelligente Vernetzung haben die wenigsten der Werber. Wen wunderts, dass die Agenturen in der Krise stecken.

JURYSTATEMENTS

ULRICH TILLMANNS
Geschäftsführung
Ogilvy & Mather Special

Ja, was denken sich manche Firmen eigentlich, wenn sie kiloschwere Druckwerke auf den Markt bringen? Das ist der beherrschende Gedanke, wenn man sich als Juror durch die Abteilung Druckschriften beißt. Eine Druckschrift ist nämlich dicker als die andere, die meisten sind aufwändigst produziert. So aufwändig, als ginge es vorwiegend darum, beim Schönheitswettbewerb schon allein von der Masse und der Ausstattung her ganz vorne dabei zu sein. Dabei leben wir ja eigentlich in einer Welt des Information Overkill, oder? War es nicht so? Und obwohl man selbst ein Anhänger, ja, nachgerade ein Fan von fein gemachten Geschäftsberichten, Unternehmensdarstellungen oder Imagebroschüren ist, so kann man sich doch des Eindrucks nicht erwehren, dass manchmal, ganz manchmal nur, derjenige, der nicht so viel zu sagen hat, besonders viel Aufhebens davon macht. Schade eigentlich. Denn in einigen Fällen wäre weniger halt wieder mehr.

TORSTEN FUHRBERG
Geschäftsführender
Gesellschafter
MCO Marketing
Communication Organisation

Acht, neun, zehn, elf – aus! Zuvor gab es noch ein überzeugendes Plädoyer, jetzt steht das Ergebnis fest. Dieser Beitrag hat es bei der Leistungsauslese nicht geschafft. So hart es auch klingt, so demokratisch geht es nun einmal zu, wenn Sieger gefunden werden müssen. Verlierer bleiben auf der Strecke, das Mittelmaß wird verdrängt. Was verwundert, sind manchmal nur die persönlichen Maßstäbe bei Entscheidungen. Warum fliegt ein Beitrag in diesem Wettbewerb nach kurzer, heftiger Diskussion gnadenlos raus und einen Tag später auf einer anderen Preisverleihung sehe ich Kunde und Agentur Hand in Hand auf dem Siegertreppchen stehen. Unterstellt, dass beide Wettbewerbe mit kompetenten Juroren besetzt sind, fällt es mir schwer, hierauf eine Antwort geben zu können. Ich kann für mich nur feststellen, dass meine Wertungen bei der Qualitätsauslese zunehmend kritischer hinterfragt sind und die Benotung damit auch spürbar härter ausfällt und deutlich mehr Beiträge wegen Qualitätsmängeln abgestraft werden. Umso mehr bin ich davon überzeugt, dass die jetzt ausgezeichneten Leistungen auszeichnungswürdig sind und diese Auszeichnung auch zu Recht verdienen.

Der BoB 2002 hat gezeigt, dass es sie gibt, die herausragenden. Doch: die Leistungsanforderungen steigen und die Qualität wird spürbar besser. Von Jahr zu Jahr – und dies trotz der zum Teil reduzierten Etat-Mittel. Ein Juror, der diesen Leistungsvergleich über mehrere Jahre anstellen darf, hat das Glück, im Sinne des Wettbewerbs zu einer Optimierung der Ergebnisse beitragen zu können. Er kann für sich selbst aber auch feststellen, wie sich seine eigenen Maßstäbe bei der Qualitätsbeurteilung spürbar verschieben. Sein Beurteilungsvermögen insgesamt wird geschärft, und das hilft dem Wettbewerb und auch ihm in seiner täglichen Arbeit. Insofern ist die Tätigkeit in der BoB-Jury mitzuwirken zum einen eine Herausforderung, zum anderen aber auch eine Chance zur eigenen Qualitätsverbesserung.

WINNER 2002

Kategorien Integrierte Kommunikations-Konzepte neu/lfd.

Druckschriften (Prospekte, Broschüren)

Direktwerbe-/Verkaufsförderungskampagnen

StartUp-Kampagnen

Medienwerbung (Anzeigen, Einhefter, Beilagen) neu/lfd.

Anzeigenserien neu/lfd.

Multimedia-Anwendungen

Imagekommunikation für Agenturen (Agentur-Eigenwerbung)

Einreicher Die Teilnehmer am Wettbewerb 2002

**Ranking
B-to-B-Agenturen** Eine aktuelle Erhebung des kommunikationsverband.de

AWARD 2002

Die Kategorien
Integrierte Kommunikations-Konzepte neu/lfd.
Druckschriften (Prospekte, Broschüren)
Direktwerbe-/Verkaufsförderungskampagnen
StartUp-Kampagnen
Medienwerbung (Anzeigen, Einhefter, Beilagen) neu/lfd.
Anzeigenserien neu/lfd.
Multimedia-Anwendungen
Imagekommunikation für Agenturen (Agentur-Eigenwerbung)

Anzahl der Einreichungen nach Nationen

Gesamt	2002	2001
Deutschland	290	344
Österreich	23	12
Schweiz	4	12

Anzahl der Einreichungen und Platzierungen 2002 nach Kategorien

Kategorie	Anzahl	Gold	Silber	Bronze	Shortlist	Sonderpr.
Integrierte Kampagnen	34			2	2	
Druckschriften	77	1	2	1	2	
Direktwerbe-/ Verkaufsförderungskampagnen	51		1	3	2	
StartUp-Kampagnen	4				1	
Medienwerbung	20		1	1	2	
Anzeigenserien	53	3	1	2	3	
Multimediaanwendungen	43	1	2			
Agentur-Eigenwerbung	35					5
Gesamt	317	5	7	9	12	5

Anzahl der Einreichungen und Platzierungen 2001 nach Kategorien

Kategorie	Anzahl	Gold	Silber	Bronze	Shortlist
Integrierte Kampagnen	46		2		4
Druckschriften	48	1	1		2
Direktwerbe-/ Verkaufsförderungskampagnen	89		1	2	4
StartUp-Kampagnen	13		1	2	
Medienwerbung	18				2
Anzeigenserien	51	1	2	2	4
Multimediaanwendungen	78		3		3
Agentur-Eigenwerbung	22	2			1
Gesamt	365	3	10	7	20

WINNER 2002

Gold REPORT OF ANNUAL REPORTS
Papierfabrik Scheufelen
STRICHPUNKT GMBH
Integrierte Kommunikations-Konzepte

ebm Imagekampagne
ebm Werke GmbH & Co. KG
RTS RIEGER TEAM WERBEAGENTUR GMBH
Anzeigenserien neu/lfd.

Brigitte Inserentenkampagne 2001
Gruner & Jahr AG & Co. Druck- und Verlagshaus
GRABARZ & PARTNER.WERBEAGENTUR GMBH
Anzeigenserien neu/lfd.

Die Anti-Solarien-Kampagne
Arbeitsgemeinschaft Dermatologische Prävention (ADP) e.V.
HEIMAT WERBEAGENTUR GMBH
Anzeigenserien neu/lfd.

CD-ROM „The step beyond"
EADS Deutschland GmbH
FAROMEDIA (NETZWERK FÜR BERATUNG UND PRODUKTION)
Multimedia-Anwendungen

Silber Tagebuch
Igepa Group
FCBi DEUTSCHLAND GMBH
Druckschriften (Prospekte/Broschüren)

MINI Produktargumenter
BMW AG
KLINK, LIEDIG WERBEAGENTUR GMBH
Druckschriften (Prospekte/Broschüren)

Compañero der Nacht
BACARDI GmbH
VAPORISATEUR GMBH
Direktwerbe-/Verkaufsförderungskampagnen

WINNER 2002

Ich war tot
Björn Steiger Stiftung e.V.
RTS RIEGER TEAM WERBEAGENTUR GMBH
Medienwerbung (Anzeigen/Einhefter/Beilagen) neu/lfd.

Banner Kampagne
ORF-Enterprise GmbH & Co. KG
LOWE GGK WERBEAGENTUR GMBH
Anzeigenserien neu/lfd.

www.bertelsmann-content-network.de
Bertelsmann Content Network
ELEPHANT SEVEN GMBH
Multimedia-Anwendungen

www.milla.de
Milla & Partner GmbH
DIFFUS-BÜRO FÜR MEDIENGESTALTUNG GMBH
Multimedia-Anwendungen

Bronze

Post aus Afrika
Dimension Data Germany AG & Co.
FCBi DEUTSCHLAND GMBH
Integrierte Kommunikations-Konzepte neu/lfd.

Siemens-Elektroinstallation von A-Z
Siemens AG – Bereich A&D Elektroinstallation –
PUBLICIS KOMMUNIKATIONSAGENTUR GMBH
Integrierte Kommunikations-Konzepte neu/lfd.

Sozialbilanz 1998-1999
Rotes Kreuz Krankenhaus, Bremen
IN(CORPORATE COMMUNICATION + DESIGN GMBH
Druckschriften

Fassadenkampagne 2002
Eternit AG – Vertrieb Fassade und Ausbau –
GAMBIT MARKETING & COMMUNICATION GMBH
Direktwerbe-/Verkaufsförderungskampagnen

WINNER 2002

IBM „Winter Challenge"
IBM Deutschland GmbH
OGILVYONE WORLDWIDE GMBH
Direktwerbe-/Verkaufsförderungskampagnen

Röntgenbild
SEB Immobilien-Investment Gesellschaft mbH
GKM WERBEAGENTUR GMBH
Direktwerbe-/Verkaufsförderungskampagnen

Genom
WIENERS & WIENERS Werbelektorat GmbH
GRABARZ & PARTNER.WERBEAGENTUR GMBH
Medienwerbung (Anzeigen/Einhefter/Beilagen) neu/lfd.

TKA Imagekampagne
ThyssenKrupp Automotive AG
OGILVY & MATHER SPECIAL GMBH & CO. KG
Anzeigenserien neu/lfd.

50.000 Jobs für Schwerbehinderte
Bundesministerium für Arbeit und Sozialordnung – Öffentlichkeitsarbeit –
OGILVY & MATHER SPECIAL GMBH & CO. KG
Anzeigenserien neu/lfd.

Shortlist

digades GmbH 2000
digades GmbH
EPS AGENTUR FÜR KOMMUNIKATION GMBH
Integrierte Kommunikations-Konzepte neu/lfd.

SEW-EURODRIVE
SEW-EURODRIVE GmbH & Co.
RTS RIEGER TEAM WERBEAGENTUR GMBH
Integrierte Kommunikations-Konzepte neu/lfd.

Geschäftsbericht 2000 „@HOME"
Lang & Schwarz Wertpapierhandel AG
IN(CORPORATE COMMUNICATION + DESIGN GMBH
Druckschriften (Prospekte/Broschüren)

WINNER 2002

BPW Imagebroschüre
BPW Bergische Achsen Kommanditgesellschaft
RTS RIEGER TEAM WERBEAGENTUR GMBH
Druckschriften (Prospekte/Broschüren)

„Das Objekt der Begierde" XtRA Silk von CHROMOLUX
ZANDERS Feinpapiere AG
AGENTUR + LEVEN + HERMANN
GES. FÜR KOMMUNIKATION IM MARKETING MBH & CO. KG
Direktwerbe-/Verkaufsförderungskampagnen

More Value – More Car
MAGNA STEYR AG
SCHRANGL´PRESLMAYER´SCHAURHOFER MARKETING GMBH
Direktwerbe-/Verkaufsförderungskampagnen

Image-Anzeigen EnergieAllianz Austria
EnergieAllianz Austria
LOWE GGK WERBEAGENTUR GMBH
StartUp-Kampagnen

Arbeitsamt
@carola wendt Personalberatung GmbH
WEIGERTPIROUZWOLF WERBEAGENTUR GMBH
Medienwerbung (Anzeigen/Einhefter/Beilagen) neu/lfd.

Freie Stellen
@carola wendt Personalberatung GmbH
WEIGERTPIROUZWOLF WERBEAGENTUR GMBH
Medienwerbung (Anzeigen/Einhefter/Beilagen) neu/lfd.

EADS-Kampagne
EADS Deutschland GmbH
LOWE LINTAS & PARTNERS
Anzeigenserien neu/lfd.

Produktion
Verlag Moderne Industrie AG
RTS RIEGER TEAM WERBEAGENTUR GMBH
Anzeigenserien neu/lfd.

WINNER 2002

Eltern Inserentenkampagne 2001
Gruner & Jahr AG & Co. Verlagsgruppe München
GRABARZ & PARTNER.WERBEAGENTUR GMBH
Anzeigenserien neu/lfd.

Sonderpreis Imagekommunikation für Agenturen (Agentur-Eigenwerbung)

Der Nussknacker
GAISER & PARTNER MARKETINGBERATUNGS GMBH

Kommunikationsschach
KLINK, LIEDIG WERBEAGENTUR GMBH

Schindler, Parent & Cie Agentur-Eigenwerbung
SCHINDLER, PARENT & CIE GMBH

www.q-home.de
Q KREATIVGESELLSCHAFT MBH

Matt von Jung
WEIGERTPIROUZWOLF WERBEAGENTUR GMBH

Die Auflistung der Preisträger ist wie folgt aufgebaut
Kampagne, Auftraggeber, Agentur, Kategorie (in Reihenfolge gem. S. 50).

Integrierte Kommunikations-Konzepte

Kampagne
Siemens-Elektroinstallation von A-Z

Beschreibung der Einreichung
Konzept, Anzeigen, Produktfolder, Mailings, CD-ROM, Internet, Givings etc.

Zielsetzung
Interesse wecken und Image aufbauen durch plakative Farbcodes und Lifestyle-Fotos; Positionierung von Siemens als Komplettanbieter für Elektroinstallation

Zielgruppe
Elektroinstallateure, Elektrogroßhandel

Kreative Leitidee
Elektroinstallation von A-Z

Schwerpunkt des Media-Einsatzes
Print, Internet, CD-ROM

Bronze

Auftraggeber	**Verantwortlich**	**Agentur**	**Verantwortlich**	**Text**
Siemens AG	Marketing	Publicis Kommunika-	Creative Direction	NICOLE HOFER /
Bereich A & D	GEORG DIRSCHERL	tionsagentur GmbH,	HENDRIK LEYENDECKER	BARBARA KOCH
Elektroinstallation		GWA	Art Direction	Fotografie
			STEFAN NEUMEIER	HL-FOTOSTUDIO

BoB 2002

Bronze

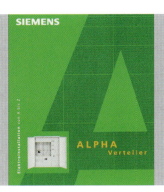

Kampagne
Siemens-Elektroinstallation von A-Z

Agentur
Publicis Kommunikationsagentur GmbH, GWA

Zielsetzung — Interesse wecken und Imageaufbau durch plakative Farbcodes und Lifestyle-Fotos; Positionierung von Siemens als Komplettanbieter für Elektroinstallation

Kreative Leitidee — Elektroinstallation von A-Z

Begründung — Der Elektrotechnikmarkt ist heiß umkämpft und gekennzeichnet von Verdrängungswettbewerb. Schalter, Steckdosen, Verteiler und Sicherungen sind Produkte, die eigentlich nicht wirklich „sexy" sind. Aber Siemens und die betreuende Agentur Publicis zeigen mit der integrierten Kommunikations-Kampagne für „Siemens-Elektroinstallationen", wie man relevante, plakative und aufmerksamkeitsstarke Kommunikation für solche Produkte professionell inszenieren kann. Nicht die Technik steht im Fokus, sondern der Nutzen.

Der Auftritt ist bunt, einfach und prägnant und beschränkt sich aufs Wesentliche. Und ist konsequent über (fast) alle Medien realisiert, d.h. Anzeigen, Mailings, Broschüren, Internet und PoS. Integrierte Kommunikation mit Emotionalität, die bei der Zielgruppe der Elektronikgroßhändler sicher auf Resonanz stoßen wird.

PETER HABERSACK
Geschäftsführer
b.a.s. dialog GmbH

Bronze

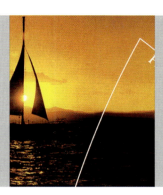

Kampagne
Post aus Afrika

Agentur
FCBi Deutschland GmbH

Zielsetzung — Die Marke Dimension Data – in Deutschland bisher noch weitgehend unbekannt – sollte als innovativ, flexibel und serviceorientiert, gleichzeitig aber auch seriös und kompetent im Sinne von Erfahrung, Größe und Internationalität wahrgenommen werden. Denn Dimension Data ist der Partner, der sicherstellt, dass Netzwerkausfälle, Geschwindigkeitsreduzierungen, Hacker-Zugriffe und Viren seinen Kunden nicht zum Problem werden. Dimension Data sollte bei IT-Entscheidern und -Leitern in Deutschland als eines der führenden Systemhäuser für Kommunikationslösungen in den Bereichen LAN und WAN sowie Corporate Networks, Intranet/Internet und Telekommunikation positioniert werden.

Kreative Leitidee — Im Zentrum der Kreation steht die – für ein Unternehmen dieser Branche ungewöhnliche – südafrikanische Heritage, die Dimension Data von den Wettbewerbern unterscheidet. Zudem steht Dimension Data in Sachen Netzwerke vor allem für die Attribute „schnell, sicher und wertvoll".

Begründung — Die Realisation der kreativen Leitidee und der Zielsetzung ist voll gelungen! Dimension Data stellt sich in einem individuellen, sympathischen Markenauftritt anhand wunderschöner südafrikanischer Bilderwelten dar. Es wird eine aufmerksamkeitsstarke Bildanmutung erreicht durch geschickte Wahl der Bildausschnitte und der lebendigen warmen Farbwelten in optimaler Farbbrillanz und qualitativ hochwertiger Umsetzung. Das harmonische Zusammenspiel von Bild und Text ist Basis der überzeugenden Darstellung des jeweiligen Vorteils-Attributes. Die abwechslungsreiche, erfrischende Themenserie wird in einem einheitlich konsequenten Markenauftritt präsentiert. Die Botschaft wird leicht verständlich penetriert durch plakative Headlines, kurze Copys und lesefreundliche Text-Formulierungen.

Die Gesamtgestaltung der Kampagne vermittelt Seriosität, Stärke und Glaubwürdigkeit bei hoher ästhetischer Qualität und emotionaler Ansprache der Sinne. Die Realisierung auf allen Kommunikations-Ebenen ist gelungen: Einheitlicher Auftritt in Wort und Bild, bei Nutzung unterschiedlicher, abwechslungsreicher Kreationselemente, abgestimmt auf das jeweilige Kommunikationsmittel.

Diese überzeugende Leistung der Realisierung des integrierten Kommunikationskonzeptes verdient Anerkennung und ist ohne Frage die Bronze-Medaille wert. Eine schöne Auszeichnung!

MARTINA LANGNICKEL
Leitung Marketing-Kommunikation
YTONG Deutschland AG

Integrierte Kommunikations-Konzepte

Kampagne
Post aus Afrika

Beschreibung der Einreichung
Integrierte Kampagne zur Platzierung der Marke

Zielsetzung
Die Marke Dimension Data – in Deutschland bisher noch weitgehend unbekannt – soll als innovativ, flexibel und serviceorientiert, gleichzeitig aber auch seriös und kompetent im Sinne von Erfahrung, Größe und Internationalität wahrgenommen werden.
Dimension Data ist in Deutschland als eines der führenden Systemhäuser für Kommunikationslösungen in den Bereichen LAN und WAN sowie Corporate Networks, Intranet/Internet und Telekommunikation zu positionieren.

Zielgruppe
IT-Entscheider, IT-Leiter in größeren Unternehmen

Kreative Leitidee
Im Zentrum der Kreation steht die – für ein Unternehmen dieser Branche ungewöhnliche – südafrikanische Heritage, die Dimension Data von den Wettbewerbern unterscheidet. Dimension Data ist der Partner, der sicherstellt, dass Netzwerkausfälle, Geschwindigkeitsreduzierungen, Hacker-Zugriffe und Viren seinen Kunden nicht zum Problem werden. Dimension Data steht in Sachen Netzwerk vor allem für die Attribute „schnell", „sicher" und „wertvoll".

Schwerpunkt des Media-Einsatzes
Print, Direktansprache, Web

Bronze

Auftraggeber	Verantwortlich	Agentur	Management Supervisor	Art Director
Dimension Data Germany AG & Co.	Vorstand RALPH-PETER QUETZ	FCBi Deutschland GmbH	KAI BÖTTNER	INA ERNESTI
	Marketingleitung / PR THOMAS GAMBICHLER	Verantwortlich Geschäftsführer JAMAL KHAN / JOHANN C. FREILINGER	Creative Director Art JOI VON REGENSTEIN	Produktion KRISTINA OLSSON
			Creative Director Text JENS OBERMANN / SÖNKE REYMANN	

BoB 2002

Integrierte Kommunikations-Konzepte

Kampagne
digades GmbH 2000

Beschreibung der Einreichung
Integriertes Kommunikationskonzept (laufend) aus dem Jahr 2000

Zielsetzung
Aufgabe war die Erstellung eines Kommunikationskonzepts, dessen Maßnahmen die Stärken und Vorteile der von digades angebotenen Leistungen kommuniziert. Dazu gehörte die Entwicklung eines umfassenden Corporate Designs als Basis des integrierten Markenauftritts. Ziel dabei ist eine Markenpersönlichkeit (Corporate Image) aufzubauen, einen hohen Aktivierungsgrad zu generieren und einen höheren Bekanntheitsgrad zu etablieren. Zudem wird das Thema der drahtlosen Datenkommunikation sensibilisiert, und als entscheidendes Element der internen Kommunikation steht die Motivation und Integration der eigenen Mitarbeiter.

Zielgruppe
Entscheider und Einkäufer aus verschiedenen Branchen; sowohl technisch als auch kaufmännisch orientierte Personen.

Kreative Leitidee
„transmission as a vision": digades ist der innovativste Full-Service-Dienstleister im Bereich der drahtlosen Datenkommunikation. Die werbliche Kommunikation greift diesen Anspruch auf und bewegt sich weg von der branchenüblichen „product is the hero"-Strategie hin zum Image-lastigen Markenaufbau. Die technische Thematik wird dabei in greifbar anwendungsbezogenen Kontextgestellt.

Schwerpunkt des Media-Einsatzes
Fachzeitschriften

Shortlist

Auftraggeber	Verantwortlich	Agentur	Verantwortlich	Art Direction
digades GmbH	Geschäftsführung LUTZ BERGER	EPS Agentur für Kommunikation GmbH	Kundenberatung TOBIAS TREPPENHAUER	MIKE STRUBE
	Marketingleitung HANS-ULRICH KAISER			Logo-Entwurf TIMO KAAPKE

Integrierte Kommunikations-Konzepte

Kampagne
SEW-EURODRIVE

Beschreibung der Einreichung
Integriertes Konzept für SEW-EURODRIVE

Zielsetzung
Entwicklung eines integrierten Konzeptes mit folgenden Bestandteilen: Corporate Design, Fotostil, Anzeigen, Broschüren, Internet, Produktblätter, Messedesign

Zielgruppe
Entwickler, Konstrukteure, Produktionsleiter, Management

Kreative Leitidee
SEW-EURODRIVE ist Purismus. Eine perfekte Formensprache und höchste Funktionalität zeichnen Produkte und deren Auftritt aus. Die Durchgängigkeit bis hin zur Architektur der Fabrikationshallen dokumentiert das.

Shortlist

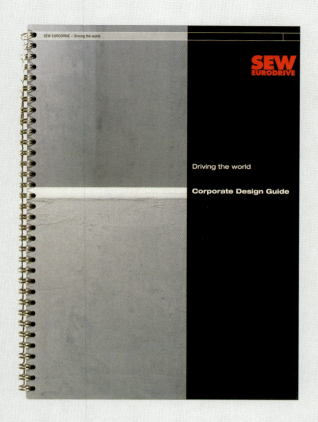

Auftraggeber
SEW-EURODRIVE
GmbH & Co.

Verantwortlich
Marketingleitung
RENÉ WILL

Agentur
RTS Rieger Team
Werbeagentur GmbH

Verantwortlich
Geschäftsführer
Kundenberatung
ACHIM LITSCHKO

Creative Direction
GIOVANNI PERNA

Art Direction
URSULA JUNG

Kontakt
AXEL HEIZMANN

Text
VOLKER MÜLLER

Satz
STEFANIE HILGER

Produktion
NADINE MEISSNER

BoB 2002

Druckschriften

Kampagne
REPORT OF ANNUAL REPORTS

Zielsetzung
24 fiktive und individuelle Geschäftsberichte für bekannte Personen und Firmen wie z.B. Karl Marx, Gott, Martin Luther, die Mafia etc.

Zielgruppe
Agenturen und IR-Abteilungen

Kreative Leitidee
Vermarktung von Papieren für Geschäftsberichte

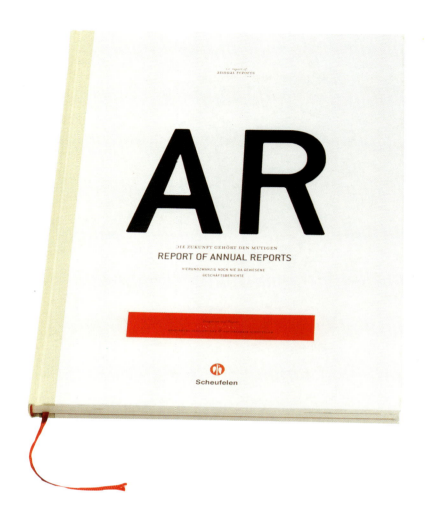

Gold

Auftraggeber	Verantwortlich	Agentur	Verantwortlich
Papierfabrik Scheufelen	BIRGER HETZINGER	strichpunkt gmbh	KIRSTEN DIETZ / JOCHEN RÄDEKER

BoB 2002

Gold

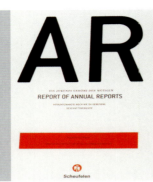

Kampagne
REPORT OF ANNUAL REPORTS

Agentur
strichpunkt gmbh

Zielsetzung	24 fiktive und individuelle Geschäftsberichte für bekannte Personen und Firmen wie z.B. Karl Marx, Gott, Martin Luther, die Mafia etc.
Kreative Leitidee	Vermarktung von Papieren für Geschäftsberichte
Begründung	Es ist ein Geschäftsbericht und doch kein Geschäftsbericht. Es ist ein Papiermuster-Buch und doch kein Papiermuster-Buch. Es ist ein Kunstwerk und trotzdem Werbung. Es macht unglaublich Spaß darin zu blättern. Und es hat Gold verdient.

Einen Geschäftsbericht über erfundene Geschäftsberichte zu machen, ist schon ein starkes Stück! In diesem großartigen Buch tauchen u.a. die Geschäftsberichte für den lieben Gott auf, für die erste Fußballbundesliga, für Dagobert Duck, für Christoph Kolumbus oder für Adam und Eva. Jedes Beispiel ist ein Beispiel dafür, wie Geschäftsberichte aussehen sollen. Und jedes Beispiel folgt dem Vorwort der Macher, indem es erstens eine zentrale Botschaft enthält, zweitens nach einer stringenten Struktur entwickelt wurde und drittens eine eindeutige Stimmung verbreitet. Man vergisst eigentlich beim Blättern, dass es auch noch ein Papiermuster-Katalog ist. Und dass darin auch Dinge wie Hochglanzlack, Stanzungen oder goldene Sonderfarben auftauchen. Apropos Gold – aber das sagte ich schon. In der Kategorie Broschüren gab es nichts Vergleichbares. Dabei ist das Wort „Broschüre" für dieses Werk fast schon eine Beleidigung.

Glückwunsch an die Macher Designbüro strichpunkt und die Papierfabrik Scheufelen, die diese „Zeugnisse auf Papier" in so schöne Form gebracht haben. Schade, dass es die beispielhaften Geschäftsberichte zum Beispiel für die Mafia, für die DDR oder Karl Marx nie geben wird. Das wäre ein Spaß geworden.

THOMAS E. J. MEICHLE
Geschäftsführer
RTS RiegerTeam

Silber

Kampagne
MINI Produktargumenter

Agentur
klink, liedig werbeagentur gmbh

Zielsetzung Aufladen der Marke und Information der Handelsorganisation zu markenspezifischen und technische Produkteigenschaften der MINI-Modelle MINI One und MINI Cooper

Kreative Leitidee MINI. Begeisterung pur.

Begründung Kennen Sie das Gefühl? Plötzlich wird Ihnen warm ums Herz. Sie werden von etwas magisch angezogen. So ist es mir ergangen, als ich den MINI-Produktargumenter sah. Den Ordner in der Hand sage ich zu mir selbst: „Sehr gut gemacht!" Begeisterung pur. Bin ich nun fasziniert von dem Produkt oder von dem Produktargumenter? Ehrlich gesagt, von beiden!

Der Produktargumenter überzeugt durch eine klare und funktionale Gliederung, innovative Aufmachung und eine überzeugende Produktinformation und -argumentation, eine frische und moderne grafische und textliche Gestaltung, Finesse im Detail und durch eine gehörige Portion Emotion. Der MINI verkörpert ein Lebensgefühl. Dazu gehört auch die Werbung, die dieses Lebensgefühl vom Kopf direkt ins Herz transportiert. Der „Mythos MINI" lebt – wie gerne hätte ich als jüngerer Mensch so ein Auto gefahren und mich dabei in guter Gesellschaft befunden – nachzulesen im Produktargumenter unter „Berühmte MINI-Fahrer": ... Egal ob der MINI One oder der MINI Cooper – auch die „Technik-Highlights im Überblick" beweisen, der MINI ist einzigartig! Er hat zwar ein neues Gesicht, doch wie heißt es da unter Punkt 2.2:1: Schon von weitem erkennt jeder „Wow, da kommt ein MINI!" Der Spannungsbogen zwischen grafischer Produktillustration, technischen Zeichnungen und einer exzellenten Fotografie beweist, dass auch ein Produktargumenter in keinster Weise langweilig sein muss.

Der MINI-Produktargumenter ist spürbar anders. Auf Anhieb angenehm. Wie auch das neue MINI-Interieur. Sofort kommt wieder das unvergleichliche MINI-Feeling auf. Oder hätte dieses Statement besser ein anderer Juror schreiben sollen? Nein, der MINI-Produktargumenter hat seine Zielgruppe fest im Griff und suggeriert Fahrspaß ohne Grenzen. „My MINI is my castle" – mit Sicherheit. Denn es gibt kaum etwas, das es nicht gibt. Sie können sich überzeugen unter „Ausstattung 2.7:1". Und was sagt Rauno Aaltonen, der finnische „Rallye-Professor" dazu: „Ich bin absolut happy." Genauso ging es mir, als die Wahl auf mich fiel, als Juror ein Statement zum MINI-Produktargumenter abgeben zu sollen. Selten habe ich dies mit so viel Überzeugung, Freude und Leidenschaft gemacht. Es ist eben Begeisterung pur.

TORSTEN FUHRBERG
Geschäftsführender Gesellschafter
MCO Marketing Communication Organisation

Druckschriften

Kampagne
MINI Produktargumenter

Zielsetzung
Entwicklung einer verkaufsorientierten Produktargumentation für die MINI-Modelle MINI One und MINI Cooper. Aufladen der Marke MINI und Information der Handelsorganisation zu markenspezifischen und technischen Produkteigenschaften.

Zielgruppe
BMW Handelsorganisation

Kreative Leitidee
MINI. Begeisterung pur.

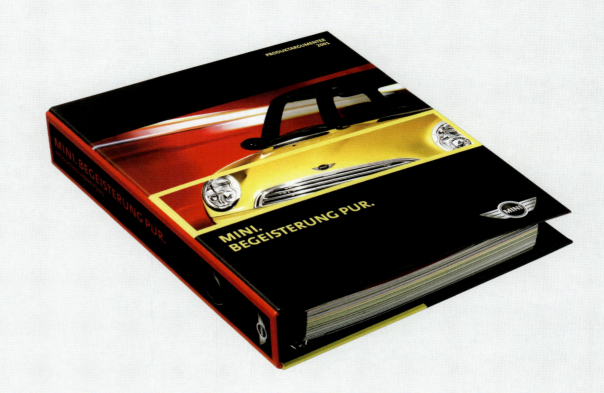

Silber

Auftraggeber BMW AG	**Verantwortlich** Head of International Training and Internal Communication WILLY SABAUTZKI Chief Editor Productargumentation VOLKER FIGURA	**Agentur** klink, liedig werbe- agentur gmbh **Verantwortlich** Geschäftsleitung DIETER LIEDIG	Creative Director Art RALF KASPER Art Direction RUTH SEDLMEIR Text TINA LÖHR / CHRISTOPH TUROWSKI	Kundenberatung PETRA BRANDSTETTER Produktion ANNETTE WALDMANN Druck und Weiter- verarbeitung KASTNER & CALLWEY

BoB 2002

Druckschriften

Kampagne
Tagebuch

Beschreibung der Einreichung
Feinstpapierbuch „Warum ist Papier kreativ"

Zielsetzung
Wenn es um Premium-Feinstpapiere geht, ist Igepa nicht automatisch im Mind-Set der Zielgruppe verankert – im Gegensatz zu vielen seiner „normalen Papiersorten". Um der aufgrund ihres ständigen Umgangs mit Papier als durchaus verwöhnt zu bezeichnenden Zielgruppe aber auch diesen Bereich von Igepa näherzubringen, sollen elf Premium-Feinstpapiere auf charmante und ungewöhnliche Weise in einem Buch zusammengefasst werden. Die Titeloptik soll dabei an die Reihe der bisher erschienenen Bände (Caribic & Bilderdruck) angepasst werden, um einen harmonischen Gesamtauftritt und eine Wiedererkennbarkeit zu gewährleisten.

Zielgruppe
Drucker, Art Direktoren, Designer

Kreative Leitidee
Um nun jede einzelne Seite der Broschüre besonders lesens- und anschauungswert zu gestalten, war die kreative Idee das Notiz- oder Tagebuch eines Kreativen. Grafisch, fotografisch, typografisch, kalligrafisch, aber auch haptisch und verbal sollen Eindrücke, Erlebnisse, Wünsche und Affinitäten im wahrsten Sinne des Wortes zu Papier gebracht werden. Von Superman bis Party, von Tätowierung bis nackter Haut, von Love-Story bis Fetisch – alles beweist auf elf unterschiedlichen Sorten den kreativen Umgang mit einem kreativen Material: Feinstpapier von Igepa. Damit ist nicht nur eine hohe haptische Attraktivität, sondern auch von Seiten der Drucktechnik ein Erlebnis für sich erzielt worden.

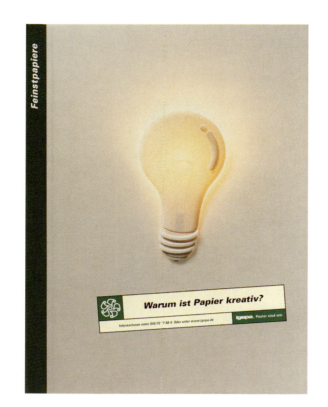

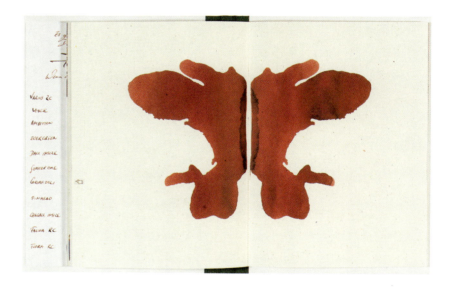

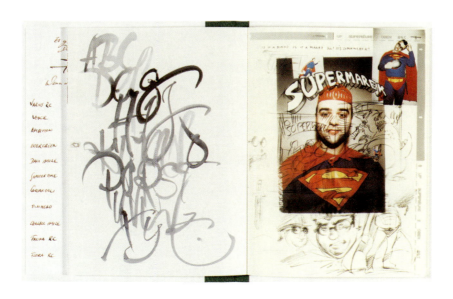

Silber

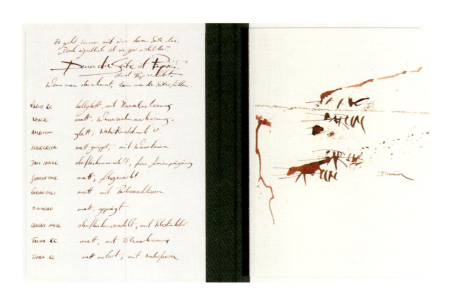

Auftraggeber	**Verantwortlich**	**Agentur**	Creative Direction	Text
Igepa Group	Leiter Werbung und Kommunikation	FCBi Deutschland GmbH	BERND HÄUSSLER	ULI LION
	BERND-DIETER PFEUFFER	**Verantwortlich** Geschäftsführung	Art Direction THORE EVERS	Produktion ELFI STRECKERT
BoB 2002		TJARKO H. HORSTMANN		Fotografie CHON CHOI

Silber

Kampagne
Tagebuch

Agentur
FCBi Deutschland GmbH

Zielsetzung Wenn es um Premium-Feinstpapiere geht, ist Igepa nicht automatisch im Mind-Set der Zielgruppe verankert. Um der als durchaus verwöhnt zu bezeichnenden Zielgruppe diesen Bereich von Igepa näherzubringen, sollen elf Premium-Feinstpapiere auf charmante und ungewöhnliche Weise in einem Buch zusammengefasst werden. Die Titeloptik soll dabei an die Reihe der bisher erschienenen Bände (Caribic & Bilderdruck) angepasst werden, um einen harmonischen Gesamtauftritt und Wiedererkennbarkeit zu gewährleisten.

Kreative Leitidee Um jede einzelne Seite der Broschüre besonders lesens- und anschauenswert zu gestalten, war die kreative Idee das Notiz- oder Tagebuch eines Kreativen. Grafisch, fotografisch, typografisch, kalligrafisch, aber auch haptisch und verbal sollen Eindrücke, Erlebnisse, Wünsche und Affinitäten im wahrsten Sinne des Wortes „zu Papier" gebracht werden. Von Superman bis Party, von Tätowierung bis nackter Haut, von Love-Story bis Fetisch – alles beweist auf elf unterschiedlichen Sorten den kreativen Umgang mit einem kreativen Material: Feinstpapier von Igepa. Damit ist nicht nur eine hohe haptische Attraktivität, sondern auch drucktechnisch ein Erlebnis für sich erzielt worden.

Begründung Da sage noch jemand, die gute alte Druckschrift/Broschüre habe im Online-Zeitalter ausgedient. Weit gefehlt! Auch in diesem Jahr war es wieder eine Einsendung, die sofort auffiel. Immer wieder wurde sie zur Hand genommen, darin geblättert und geprüft. Kein Zweifel, die Broschüre hatte „Impact", sie gefiel und hatte eine Auszeichnung verdient. Das spürte man schnell. Mit einem wahren Feuerwerk an kreativer Gestaltung wurde hier die Aufgabe umgesetzt, elf verschiedene Papiersorten dem Betrachter vorzustellen, Feinstpapiere zum Anfassen. Und dass es dann nicht der klassische Musterkatalog geworden ist, ist das Verdienst und eine Auszeichnung wert. Damit ist die Broschüre zugleich mehr als ein Katalog, es ist ein „Lesebuch" über und mit Papier und was man damit gestalten kann. Die alte Liebe zu diesem Medium, da ist sie wieder – falls sie jemals verlorengegangen ist.

Zugleich ist die Druckschrift eine Hommage an die älteste Form der Kommunikation, mit „Tusche und Feder" Papier gestalten. Das ist ein großes ästhetisches Vergnügen, das zur Nachahmung anregt. Deshalb wird das Papier auch weiterhin seine Anhänger finden – und natürlich auch seine Käufer! Glückwunsch den Verfassern zu dieser überzeugenden Verkaufsförderung!

„Papier ist eben ewig jung – Papier ist kreativ, Papier lebt!"

HARTMUT BRENDT
Anzeigenleiter VDI-Nachrichten
VDI Verlag GmbH

Bronze

Kampagne
Sozialbilanz 1998-1999

Agentur
in(corporate communication + design GmbH

Zielsetzung — Einblick in die Arbeit und die Arbeitsbedingungen des Roten-Kreuz-Krankenhauses.

Kreative Leitidee — Innovative und kreative Präsentation einer Leistungsbilanz.

Begründung — Es mutet schon etwas außergewöhnlich an, wenn ein einzelnes Krankenhaus eine gedruckte Sozialbilanz vorlegt – umso erstaunter war die Jury über das Niveau dieses veröffentlichten Leistungsnachweises. Die Sozialbilanz des Roten-Kreuz-Krankenhauses in Bremen besticht einerseits durch eine klare Gliederung mit schnell erfassbaren Informationen, von der statistischen Aufarbeitung wirtschaftlicher und sozialer Vergleichsdaten bis hin zu der Vorstellung der wichtigsten medizinischen Innovationen. Andererseits hebt sich die Gestaltung und Produktion qualitativ spürbar von den Textwüsten und dem grafischen Einheitsbrei vergleichbarer Dokumentation angenehm ab. Das Logo in Form eines Röntgenbildes auf dem Cover, die dezente Farbgebung, die klare und lesbare Typografie, die saubere Linienführung, die produktionstechnischen Finessen bei der Stanzung – überall ist eine stimmige Handschrift erkennbar. Es gibt keine Übertreibungen – weder im Bild noch in der Typografie und Gestaltung, noch – wie so oft bei den anderen Wettbewerbseinsendungen – künstlich wirkende Platzhalter als gestalterische Beimischung. Der Sozialbericht des Roten-Kreuz-Krankenhauses präsentiert sich aus einem Guss und gehört mit Sicherheit zu den herausragenden Druckschriften in dieser Kategorie.

TORSTEN FUHRBERG
Geschäftsführender Gesellschafter
MCO Marketing Communication Organisation

Druckschriften

Kampagne
Sozialbilanz 1998-1999

**Beschreibung
der Einreichung**
Sozialbilanz

Zielsetzung
Ein Medium entwickeln, das die sozialen und wirtschaftlichen Aufgaben des RKK für die Region sichtbar macht: in Zahlen, Daten und Fakten. Ein Periodikum, das alle zwei Jahre über die Entwicklung des Hauses und seiner Aufgaben berichtet.
Kernpunkt: eine gesellschaftsbezogene Berichterstattung, die Aufschluss darüber geben soll, inwieweit unser Krankenhaus in Wahrnehmung seiner wirtschaftlichen Aufgabe auch zur Befriedigung gesellschaftlicher Wünsche und Erwartungen beiträgt.

Zielgruppe
Städtische Einrichtungen, Krankenkassen, Öffentlichkeit/Multiplikatoren, alle politischen Parteien/ Gremien (Stadt/Land)

Kreative Leitidee
Innovation durch ein einmaliges Medium: die Sozialbilanz kommt als erste „testierte" Bilanz im Gesundheitsmarkt heraus. Sie zeigt durch eine Leitstory Innovation und Verantwortung für die Region. Bisher gab es diese Form von Veröffentlichung im Gesundheitswesen nicht.

**Schwerpunkt
des Media-Einsatzes**
Versendung an spezifische Zielgruppen, Vortragsveranstaltungen insbesondere mit den städtischen Einrichtungen und politischen Parteien/ Gremien

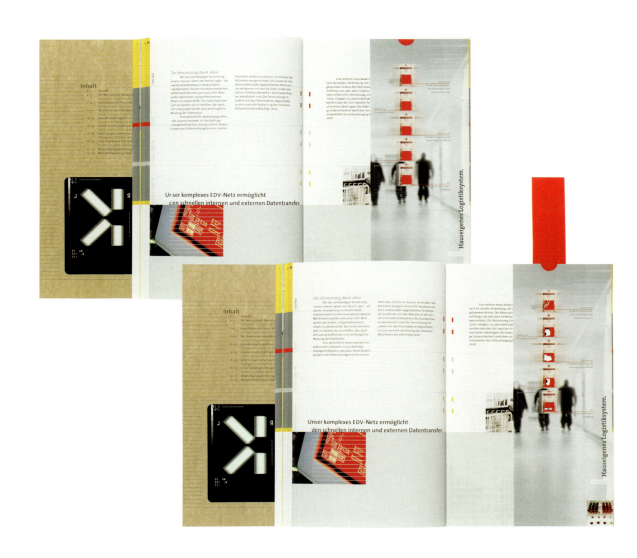

Bronze

Auftraggeber	**Verantwortlich**	**Agentur**	Design		Text
Rotes Kreuz Krankenhaus	Verwaltungsdirektor / Geschäftsführung	in(corporate communication + design GmbH	KAY OSTERLOH		CHRISTINE SCHRENK
	DR. HORST HINDERLICH		Kundenberatung		Lithographie
	Leiterin Personalabteilung	**Verantwortlich**	KARSTEN UNTERBERGER		ATELIER RAIMUND STOCKHECKER
	BARBARA AREND	Creative Direction / Art Direction	Kontakt		
		KARSTEN UNTERBERGER / TIM HAGEDORN	NUROMA SACHSE-NICHOLLS		Druck ASCO DRUCK
			Fotografie		
			THOMAS HELLMANN / HOFFMANN + REICHELT		

BoB 2002

Druckschriften

Shortlist

Kampagne
„Lernen Sie unsere Achsen kennen. Und Sie lernen unsere Welt kennen."
BPW Imagebroschüre

Beschreibung der Einreichung
Imagebroschüre

Zielgruppe
Hersteller von Anhänger- und Aufliegerfahrzeugen, Spediteure, Meinungsbildner im Transportwesen

Aufgabe/Zielsetzung
Unternehmensdarstellung, eindeutige Positionierung als Global Player und internationaler Marktführer

Kreative Leitidee
Hinter plakativen Einstiegsbildern werden eindeutige Versprechen und klare Fakten thematisiert.

Auftraggeber
BPW Bergische Achsen Kommanditgesellschaft

Verantwortlich
Leiter Marketing
RUPERT HABERSATTER

Leiter Werbung
WERNER FOHRMANN

Agentur
RTS Rieger Team Werbeagentur GmbH

Verantwortlich
Geschäftsführer Kundenberatung
ACHIM LITSCHKO

Creative Direction
BORIS POLLIG/
MICHAEL MAYER

Junior Art Direction
BETTINA ANNUSCHEK

Text
MICHAEL MAYER

Satz
JÜRGEN SCHWEGLER

Produktion
NADINE MEISSNER

Druckschriften

Shortlist

Kampagne
Geschäftsbericht 2000
„@HOME"

**Beschreibung
der Einreichung**
Geschäftsbericht

Zielsetzung
Dokumentation des Geschäftsabschlusses 2000 für den Konzern und die Tochtergesellschaften nach HGB und IAS; Pflichtveröffentlichung und Imagebildung

Zielgruppe
Kunden; Aktionäre; interessierte Öffentlichkeit

Kreative Leitidee
„Unsere Kunden – eine starke Basis". Der Geschäftsbericht fokussiert in Form einer Homestory die Bandbreite der Charaktere, die die Leistungen von Lang & Schwarz in Anspruch nehmen. Gleichzeitig wird Netzwerkbildung in den kooperierenden Partnerbanken betrieben: das Bild einer starken Community in einem wirtschaftlich bewegten Umfeld wird greifbar und involviert die Leser des Berichts.

**Schwerpunkt
des Media-Einsatzes**
Versendung nach Abfrage

Auftraggeber
Lang & Schwarz
Wertpapierhandel AG

Verantwortlich
Vorstandsvorsitzender
JÖRG SCHWARZ

Agentur
in(corporate communication + design GmbH

Verantwortlich
Creative Direction /
Art Direction
KARSTEN UNTERBERGER /
MATTHIAS DÖRMANN

Text Homestories
LUDGER STEIN

Kundenberatung
SVEN RUSCHEK

Fotografie
MICHAEL JUNGBLUT /
NIKOLAI WOLF

Druck
ASCO DRUCK

BoB 2002

Direktwerbe-/VKF-Kampagnen

Kampagne
Compañero der Nacht

Beschreibung der Einreichung
Verkaufsförderungskampagne mit unterschiedlichen Elementen:
– Spray-BAT (Teaser)
– Glücksbringer Flasche (Incentive)
– Salesfolder (informatives Aufklärungsinstrument)

Zielsetzung
Emotionalisierung der Marke BACARDI. Bekanntmachung der Heritage, Qualitäts-Upgrading der Produkte (Darstellung des Produkt-Portfolios).

Zielgruppe
Gastronomen, Barpersonal, Multiplikatoren auf Gastro-Ebene (sog. Key-Player)

Kreative Leitidee
Das konzeptionelle Dach verkörpert der Compañero-Gedanke. Eine sehr partnerschaftlich ausgerichtete Werbestrategie, die die Marke BACARDI aus der emotionalen Anonymität holt. Das Erbe der Firma BACARDI, die Fledermaus als spanisches Glückssymbol, wurde zur kreativen Leitidee der B-to-B-Kommunikation. Fokus auf einen gemeinschaftlich erzielten Erfolg und eine langfristige Partnerschaft.

Schwerpunkt des Media-Einsatzes
Einsatz erfolgt ohne Media. Der Einsatz erfolgt exklusiv und chronologisch.

Silber

Kampagne
Compañero der Nacht

Agentur
Vaporisateur GmbH

Zielsetzung Die Kampagne soll die Vorurteile in puncto „niedrige Qualitätswahrnehmung und Heritage" bei Gastronomen charmant knacken und sie zu Partnern/Compañeros der Nacht machen.

Kreative Leitidee Wir nutzen die „Bat", die Trademark von Bacardi, als Symbol für unser Compañero-Konzept. Fledermäuse sind in Spanien (dem Herkunftsland von Don Facundo Bacardi) ein Glückssymbol und haben Bacardi und seinen Partnern seit 1862 Glück und Wohlstand gebracht.

Begründung Mit der Compañero-Kampagne ist es Bacardi gelungen, die Marke zu emotionalisieren und das Erbe in interessante Geschichten zu betten. Der Compañero-Gedanke verkörpert das konzeptionelle Dach einer erfolgreichen Marketing-Strategie. Die Marke wird aus der emotionalen Anonymität geholt und erzielt so einen wichtigen Vorteil in dem hart umkämpften Gastronomie-/Spirituosen-Markt. Die Handelspartner werden in einer partnerschaftlich ausgerichteten Strategie von einer glücklichen Zusammenarbeit mit Bacardi überzeugt. Mit einer Schablone und Schneespray (wieder abwischbar) wird die „Bat" nachts im Umfeld der Outlets auf den Gehweg gesprüht – zum einen als persönlicher Glücksbringer, zum anderen zur Ankündigung einer ganz besonderen Bacardi-Aktion. Die Teaser-Kampagne allein ist schon ungewöhnlich, greift aber erst richtig durch die Folgeaktionen. Logo und Marken-Historie, Produktqualität und Partnerschaft mit dem Handel werden eindrucksvoll übermittelt. Es sind insbesondere die vielen Details, die neugierig machen, emotionalisieren und Sympathie erzeugen, die vom Außendienstmitarbeiter überbrachte „Glücksbringerflasche" ebenso wie der Sales Folder. Ob nun „Fernando, der erste Vertriebsleiter bei Bacardi mit seinem ersten Firmenwagen" oder „Amalia, die Ehefrau von Unternehmensgründer Don Facundo – die unter dem Dach der ersten Destillerie die Fledermaus entdeckte" (ein glückliches Omen und seit diesem Tag Markenzeichen von Bacardi) – vorgestellt werden, die Marke wird durch die Kraft dieser privaten Bilder persönlicher, menschlicher, sie rückt „näher ran". Die Kunden erfahren aber auch interessante Produktinformationen, z.B., dass Bacardi „8 Años" lange Zeit nur der Familie vorbehalten war, heute jedoch in limitierter Auflage erhältlich ist. Es ist die Mischung aus privaten Fotos älteren und jüngeren Datums, den Produktinformationen und Beispielen alter Werbekunst, verbunden mit den sympathischen handschriftlichen Foto-Notizen, die diesen Sales-Folder zu einem Sympathie-Träger machen.

TORSTEN FUHRBERG
Geschäftsführender Gesellschafter
MCO Marketing Communication Organisation

Bronze

Kampagne
Eternit Fassadenkampagne 2002

Agentur
gambit marketing & communication GmbH

Zielsetzung	Information der Zielgruppe Architekten/Planer über Produktneuheiten mit aktiver Aufforderung zum Dialog, anhand eines mehrstufigen Mailings. Wandlung des „festgefahrenen" Traditions-Images zu einem aktuellen zeitgemäßen Auftritt durch moderne, designorientierte und klare Kreation.
Kreative Leitidee	Humorvolle, intellektuell anmutende Präsentation des jeweiligen Produktthemas, dargestellt anhand feinsinniger und ungewöhnlicher Vergleiche.
Begründung	Die Mailing-Serie zeichnet sich aus durch die kreative Umsetzung und die überraschenden originellen Vergleiche zur Vermittlung der technischen Produktargumente. Die Motive sind neu und unverbraucht, die Bilder sind witzig und humorvoll und die plakativen Text-Schlagworte bilden die Klammer zum Produktvorteil. Die Kreativität in Bild und Text führt geschickt und sympathisch über Emotion zur Rationalität der hochwertigen Produkteigenschaften hin und vermittelt so die notwendige Glaubwürdigkeit. Die Bronze-Medaille ist sicherlich eine faire Bewertung dieser Arbeit. Sie wird der Gesamtgestaltung – einerseits der reizvollen Kreativität der intellektuell, feinsinnigen Motive und anderseits der eher sachlichen Anmutung des Mailings – gerecht, welches dem designorientierten, ästhetisch-technischen Anspruch der Zielgruppe entspricht.

MARTINA LANGNICKEL
Leitung Marketing-Kommunikation
YTONG Deutschland AG

Direktwerbe-/VKF-Kampagnen

Kampagne
Fassadenkampagne 2002

Beschreibung der Einreichung
– dreistufiges Mailing (personifiziert), letztes Mailing inkl. Responsebogen, an ca. 5.000 Architekten
– Schuberversand (personifiziert): 1 Schuber mit 6 Booklets inkl. Responsebogen an ca. 1.000 ausgesuchte Büros mit mehr als 5 planenden Mitarbeitern

Zielsetzung
Eternit hat einen sehr hohen Bekanntheitsgrad, der aber überwiegend historisch begründet ist. Mit dem dreistufigen Mailing für die breite Zielgruppe der Architekten und dem kompletten Schuber für ausgesuchte Büros mit mehr als fünf planenden Mitarbeitern sollen die Neuheiten im Bereich Fassade bekannt gemacht werden. Es soll verdeutlicht werden, dass die Produktentwicklungen von Eternit sich an dem orientieren, was moderne Architektur braucht, von vor-ausgewählten Farben der klassischen Moderne bis hin zu neuen technischen Entwicklungen.
Ziel ist es, die Adressaten zur Kontaktaufnahme zu motivieren und einen Außendienstbesuch oder eine Büropräsentation vorzubereiten. Ferner sollen die aktuellen Neuheiten in den Büros platziert werden.

Zielgruppe
Architekten und Planer

Kreative Leitidee
Mit feinsinnigem Humor transportieren die Booklets das Thema auf dem Cover. Intelligent und mit hintersinniger Reduktion (z.B. „Musik: Bach. Bild Eternit") stellen die Booklets Modernität und Flexibilität zur Schau und präsentieren Eternit als aktuelles; innovatives Unternehmen.

Schwerpunkt des Media-Einsatzes
Mailings

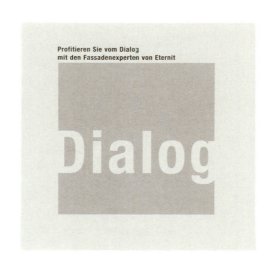

Bronze

Auftraggeber	**Agentur**	**Verantwortlich**	Creative Direction	Litho
Eternit AG	gambit marketing &	Geschäftsführer	DAGMAR RUNTE	RGI DIGITALE REPRO-
Vertrieb Fassade und	communication GmbH	Kundenberatung		DUKTIONEN GMBH
Ausbau		UWE GIESEN	Text	
			BEATE SCHWEDLER	Druck /
Verantwortlich		Geschäftsführer		Weiterverarbeitung
Leiter Absatzmarketing		Produktion	Kontakt	DRUCKEREI HITZEGRAD /
HORST MOSLER		HEINZ-WERNER	STELLA GRÜTZNER	DRUCKEREI BEUTLER
		BAUMJOHANN		
			Satz	
BoB 2002			GAMBIT MARKETING &	
			COMMUNICATION GMBH	

Direktwerbe-/VKF-Kampagnen

Kampagne
IBM „Winter Challenge"

Beschreibung der Einreichung
IBM „Winter Challenge" Händler-Motivationsprogramm

Zielsetzung
Am Ende eines insbesondere für die IT-Branche schwierigen Jahres musste IBM etwas tun, um dafür zu sorgen, dass die Verkaufsziele für die Händler von IBM Servern für 2001 noch erreicht werden. Es sollte ein Programm entwickelt werden, das in den letzten beiden Monaten den Absatz dieser Server fördert – auf unterhaltsame, motivierende und ungewöhnliche Art und Weise.

Zielgruppe
Geschäftsführer von Unternehmen, die IBM Server verkaufen; Deutschland

Kreative Leitidee
Ein schneereicher Winter, die Olympischen Spiele – für die mit Olympia eng verbundene IBM war das Motto schnell gefunden: IBM Winter Challenge.
Ein Promotion Pack mit Shirts, Eisbonbons und Taschenwärmern, ein Sun-Blocker als Schutz vor den Konkurrenten Sun Microsystems und eine Einladung im Eisblock erweckten das Programm zum Leben.

Schwerpunkt des Media-Einsatzes
Mailings

Bronze

Auftraggeber	Verantwortlich	Agentur	Verantwortlich
IBM Deutschland GmbH	Web Server Marketing JOACHIM HENNEBACH	OgilvyOne worlwide GmbH	Geschäftsführer Creation MICHAEL KOCH

BoB 2002

Bronze

Kampagne
IBM „Winter Challenge"

Agentur
OgilvyOne worlwide GmbH

Zielsetzung Am Ende eines insbesondere für die IT-Branche schwierigen Jahres musste IBM etwas tun, um dafür zu sorgen, dass die Verkaufsziele für die Händler von IBM Servern für 2001 noch erreicht werden. Es sollte ein Programm entwickelt werden, das in den letzten beiden Monaten den Absatz dieser Server fördert – auf unterhaltsame, motivierende und ungewöhnliche Art und Weise.

Kreative Leitidee Ein schneereicher Winter, die Olympischen Spiele – für die mit Olympia eng verbundene IBM war das Motto schnell gefunden: IBM Winter Challenge.
Ein Promotion Pack mit Shirts, Eisbonbons und Taschenwärmern, ein Sun-Blocker als Schutz vor den Konkurrenten Sun Microsystems und eine Einladung im Eisblock erweckten das Programm zum Leben.

Begründung B-to-B-Dialog-Kommunikation scheitert häufig am „Vorzimmer" oder an der geringen Relevanz für den Empfänger. OgilvyOne hat es mit der „Winter Challenge" – einem Verkaufswettbewerb zum Thema Server – sicher geschafft, beides zu knacken.

Ein richtig kreatives Konzept, charmant und augenzwinkernd verpackt in mehrere Mailing-Stufen. Hervorzuheben der pfiffige Seitenhieb gegen den Wettbewerber SUN – ein SUN-Blocker. Besonders aufmerksamkeitsstark und logistisch eine Herausforderung: die Einladung des Wettbewerbs eingefroren in einem echten Eisblock.

Und auch das Ergebnis kann sich sehen lassen: das Umsatzziel für Server wurde im IT-kritischen Jahr 2001 um 20 Prozent übertroffen. Ein dickes Kompliment an die Kollegen in Frankfurt!

PETER HABERSACK
Geschäftsführer
b.a.s. dialog GmbH

Bronze

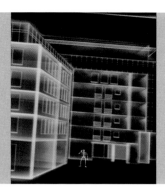

Kampagne
Röntgenbild

Agentur
GKM Werbeagentur GmbH

Zielsetzung	Verkauf/Vermietung von Praxisräumen in einem Ärztehaus
Kreative Leitidee	Um direkt bei den Ärzten zu landen, sind Umschlag, Anschreiben und Abbildung des Objekts wie ein „üblicher" Röntgenbefund gestaltet.
Begründung	Eine witzige und sehr überraschende Idee – ein Röntgenbild, das den Grundriss einer Arztpraxis zeigt. Hier wird dem potenziellen Mieter, dem Arzt, in einer ihm sehr bekannten medialen Form, nämlich dem Röntgenbild, ein neues überraschendes Motiv, nämlich seine mögliche neue Arztpraxis, gezeigt. Ob der betreffende diese dann wirklich auch übernommen hat, wissen wir nicht. Betrachtet hat er sich aber dieses Mailing mit großer Wahrscheinlichkeit, und das erscheint uns Bronze wert.
	Mailings müssen heute nicht mehr langweilig und nach Schema F gebaut sein. Sie dürfen, ja sie sollen, überraschend, witzig sein, sie müssen spontan Neugierde und Interesse wecken. Nur so können sie ihre Wirksamkeit steigern und sich im zunehmenden medialen Wettbewerb um die individuelle Aufmerksamkeit durchsetzen. „Röntgenbild" erscheint uns ein guter Ansatz in diese Richtung.

DR. ANDREAS KNAUT
Leiter Unternehmenskommunikation
Verlagsgruppe Handelsblatt

Kampagne
Röntgenbild

Beschreibung der Einreichung
Direktmailing-Aktion

Zielsetzung
Verkauf/Vermietung von Praxisräumen in einem Ärztehaus

Zielgruppe
Berliner Ärzte

Kreative Leitidee
Um direkt bei den Ärzten zu landen, sind Umschlag, Anschreiben und Abbildung des Objekts wie ein „üblicher" Röntgenbefund gestaltet.

Schwerpunkt des Media-Einsatzes
September 2001

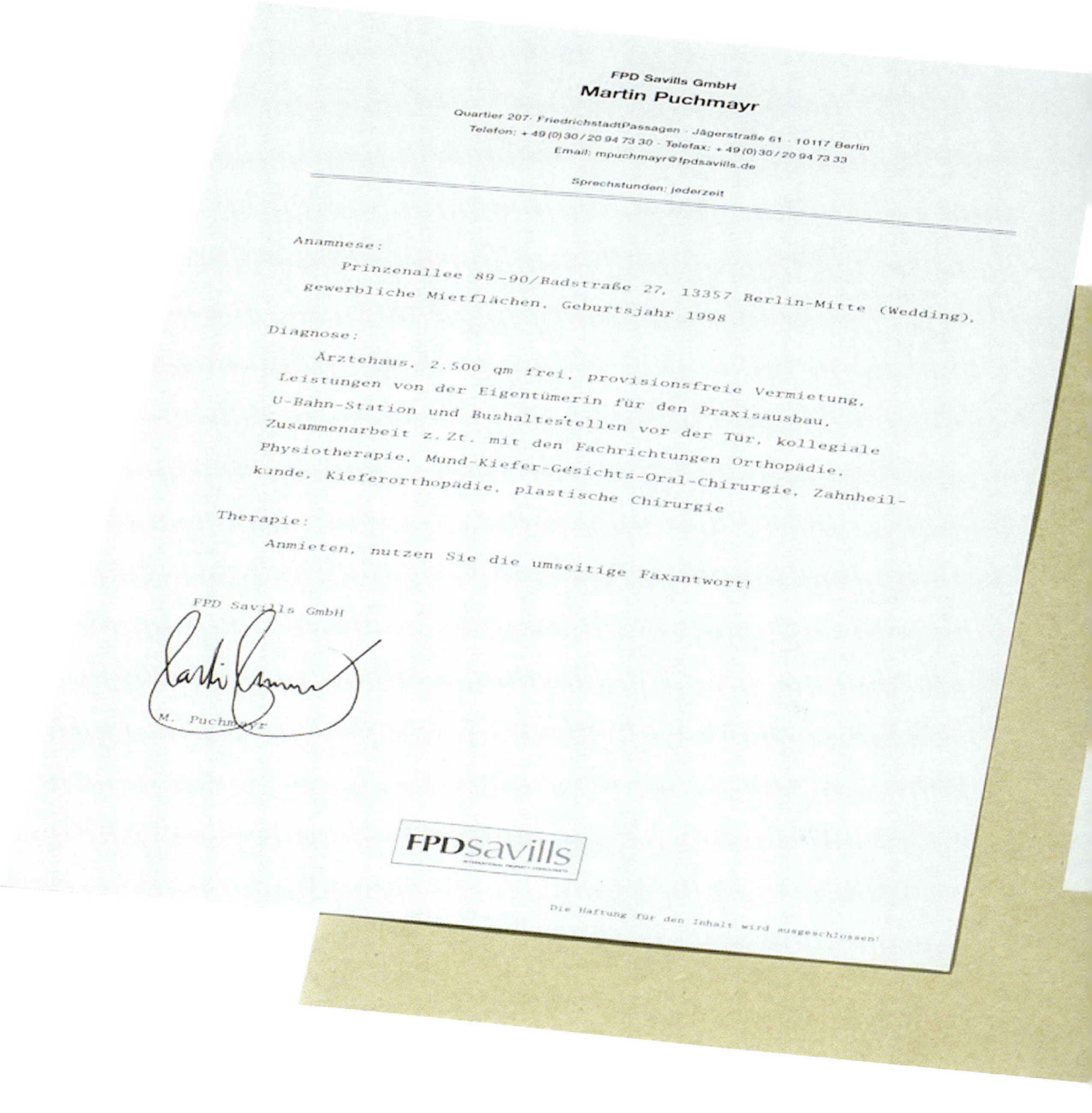
FPD Savills GmbH
Martin Puchmayr
Quartier 207 · FriedrichstadtPassagen · Jägerstraße 61 · 10117 Berlin
Telefon: +49 (0) 30 / 20 94 73 30 · Telefax: +49 (0) 30 / 20 94 73 33
Email: mpuchmayr@fpdsavills.de
Sprechstunden: jederzeit

Anamnese:
Prinzenallee 89-90/Badstraße 27, 13357 Berlin-Mitte (Wedding), gewerbliche Mietflächen, Geburtsjahr 1998

Diagnose:
Ärztehaus, 2.500 qm frei, provisionsfreie Vermietung, Leistungen von der Eigentümerin für den Praxisausbau, U-Bahn-Station und Bushaltestellen vor der Tür, kollegiale Zusammenarbeit z.Zt. mit den Fachrichtungen Orthopädie, Physiotherapie, Mund-Kiefer-Gesichts-Oral-Chirurgie, Zahnheilkunde, Kieferorthopädie, plastische Chirurgie

Therapie:
Anmieten, nutzen Sie die umseitige Faxantwort!

FPD Savills GmbH

M. Puchmayr

FPDsavills

Die Haftung für den Inhalt wird ausgeschlossen!

Bronze

Auftraggeber
SEB Immobilien-
Investment
Gesellschaft mbH

BoB 2002

Verantwortlich
Abteilungsdirektor
Objektmanagement
ARNO HÖFINGHOFF

Ansprechpartnerin
MONIKA VOGT

Agentur
GKM Werbeagentur
GmbH

Verantwortlich
Creative Direction
ANTONIO GRAF

STRACHWITZ
Art Direction
MIRIAM TUSSING

Illustration
MIRIAM TUSSING

Text
STEFAN DYHR

Kontakt
UTA KÜHN

Produktion
DANIEL HEIDENREICH

Druck
MRT MEDIZINISCHE
RÖNTGENTECHNIK GMBH
(Ausbelichtung
Röntgenbild)

Direktwerbe-/VKF-Kampagnen

Kampagne
„Das Objekt der Begierde"
XtRA Silk von CHROMOLUX

Beschreibung der Einreichung
Das Objekt der Begierde ist eine besonderere Präsentation eines besonderen Papiers: XtRA Silk – ein gussgestrichenes einzigartiges Material, das Stil, Schönheit und Qualität gleichermaßen repräsentiert.
Die fadengebundene überformatige Präsentation zeigt Zielbranchen (Luxusgüter) und Vorschläge zur Anwendung des Papiers in diesen Branchen. Diese sind individuell illustriert und geben durch eine Stanze einen ersten Blick auf die jeweilige Folgeseite frei. Ein Vorgeschmack auf die formatfüllenden Stills. Die Illustrationen und Bilder machen Lust auf Papieranwendung, auf Schönheit und das Besondere.

Zielsetzung
Neupositionierung, Verkaufsunterstützung

Zielgruppe
Markenartikler bundesweit: Marketing- und Kommunikationsverantwortliche aus den Branchen: Auto, Banken, Schmuck, Kosmetik, ...

Kreative Leitidee
XtRA Silk ist ein Luxus-Material, zeigt sich großformatig, in einer edlen Aufmachung und in einem luxuriösen Umfeld.

Schwerpunkt des Media-Einsatzes
Direct Mail

Shortlist

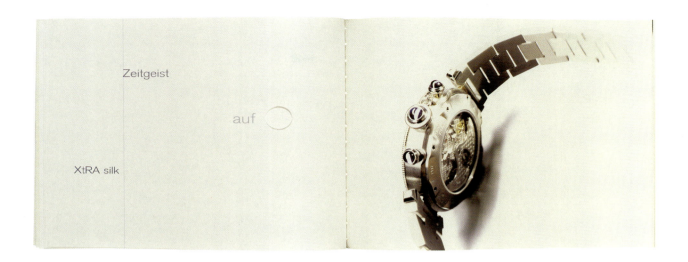

Auftraggeber	**Verantwortlich**	**Agentur**	**Verantwortlich**	Text	
ZANDERS	MICHAEL FELDHOFF	Agentur + Leven	Creative Direction	PETRA HERMANN	
Feinpapiere AG		+ Hermann	SCARLET ARIAN		
		Ges. für Kommunikation		Grafik	
		im Marketing mbH &	Kundenberatung	SCARLET ARIAN	
		Co. KG	PETRA HERMANN		

BoB 2002

Direktwerbe-/VKF-Kampagnen

Kampagne
More Value – More Car

Beschreibung der Einreichung
Kommunikationskonzept MAGNA STEYR

Zielsetzung
weltweites Markenbranding des neuen Markennamens MAGNA STEYR in der Automobilbranche

Zielgruppe
Kunden (OEMs), Opinion-Leader in Wirtschaft und Finanzwelt, Mitarbeiter, Zulieferer

Kreative Leitidee
Unsere Strategie ist es, durch Fokussierung und Emotionalisierung die Hauptaspekte der MAGNA STEYR Identity werblich zu pushen. Ziel ist der rasche Aufbau eines unverwechselbaren Markenimages.

Schwerpunkt des Media-Einsatzes
Anzeigen in Fachmedien, große Branchenmessen

Shortlist

Auftraggeber
MAGNA STEYR AG

Verantwortlich
Executive Vice
President Marketing,
Planning & Sales
HUBERT HÖDL

Executive Director
Market Communications
DIPL.-ING. ANA TOPOLIC

Agentur
SCHRANGL´PRESL-
MAYER´SCHAURHOFER
Marketing GmbH

Verantwortlich
Creative Direction /
Art Direction
EVA WOLFSTEINER

Text
MAG. HELMUT GUNTNER

Kundenberatung
GERHARD PRESLMAYER

Kontakt
GERHARD PRESLMAYER

Fotografie
GERHARD MERZEDER

Produktion
SABINE BRAUN

Litho
ART & PUBLISHING /
REPRO + MONTAGE

**Druck /
Weiterverarbeitung**
ESTERMANN

BoB 2002

StartUp-Kampagnen   Shortlist

Kampagne
Image-Anzeigen
EnergieAllianz Austria

Beschreibung der Einreichung
Kampagne zum Markteinstieg der EnergieAllianz Austria

Zielsetzung
Im Zuge der Liberalisierung des Strommarktes schließen sich die Energieversorgungsunternehmen in Ost-Österreich zur Energie-Allianz Austria zusammen. Die Nutzen dieses Zusammenschlusses sollen dargestellt werden.

Zielgruppe
Meinungsbildner, Journalisten, Wirtschaftstreibende

Kreative Leitidee
Zusammenschluss bringt Einheit und Zusammenarbeit, deren Qualität durch die Unternehmensgröße maßgeblich unterstützt wird und infolge die vom Kunden gewünschte Sicherheit bringt.

Schwerpunkt des Media-Einsatzes
Print-Anzeigen in Wirtschaftsmedien

Auftraggeber
EnergieAllianz Austria

Agentur
Lowe GGK

Verantwortlich
Creative Direction
CHRIGEL OTT

Art Direction
GERD SCHICKETANZ

Text
INGEBORG FRAUENDORFER

Kontakt
CLAUDIA LOIBELSBERGER /
MARION JANDA

Medienwerbung

Kampagne
Ich war tot

**Beschreibung
der Einreichung**
Anzeige zur Initiative
„Kampf dem Herztod"

Zielsetzung
Sensibilisierung für das
Thema „plötzlicher Herztod" und Anregung zur Ausbildung der Mitarbeiter in
Erster Hilfe und Frühdefibrillation.

Zielgruppe
Entscheider in
Unternehmen

Kreative Leitidee
Menschen, die das Schicksal eines plötzlichen Herztods erleiden mussten und
erfolgreich wiederbelebt
wurden, erzählen ihre
Geschichte.

**Schwerpunkt
des Media-Einsatzes**
Fachzeitschriften

Silber

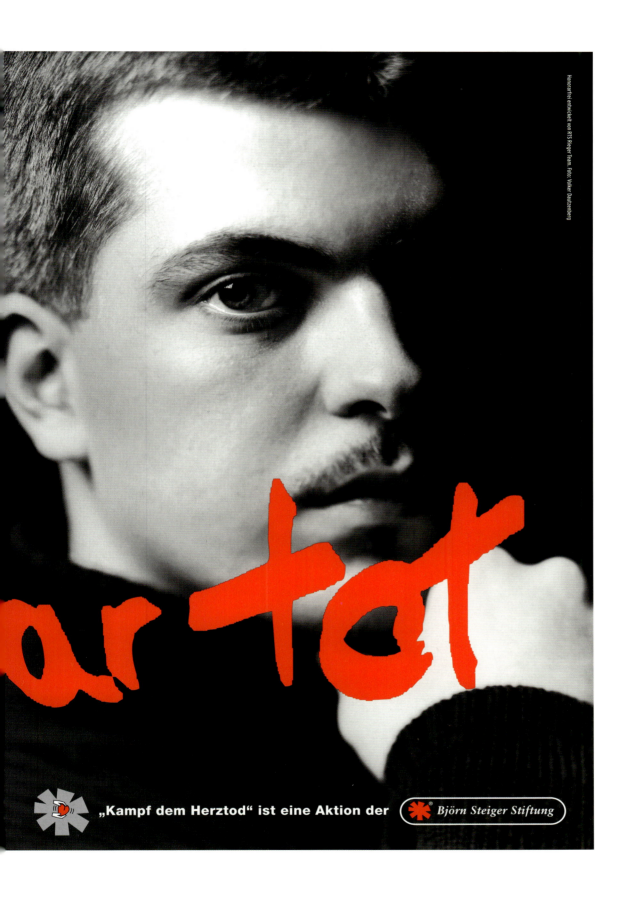

Auftraggeber	Verantwortlich	Agentur	THOMAS E. J. MEICHLE	SILKE SCHMIDT
Björn Steiger Stiftung e. V.	Präsident SIEGFRIED STEIGER	RTS Rieger Team Werbeagentur GmbH	Creative Direction Text MICHAEL MAYER	Satz ANJA KEPPLER
	Verantwortlich Geschäftsführer Kundenberatung		Art Direction ANNETTE PIENTKA Kontakt NICOLE FETZER /	Produktion GABRIELE MIERZOWSKI

Silber

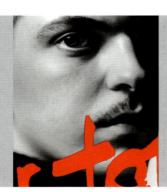

Kampagne
Ich war tot

Agentur
RTS Rieger Team Werbeagentur GmbH

Zielsetzung Sensibilisierung für das Thema „plötzlicher Herztod" und Anregung zur Ausbildung der Mitarbeiter in Erster Hilfe und Frühdefibrillation.

Kreative Leitidee Menschen, die das Schicksal eines plötzlichen Herztods erleiden mussten und erfolgreich wiederbelebt wurden, erzählen ihre Geschichte.

Begründung Über Werbung kann man streiten – über Wirkung nicht! Schon die Headline fängt den flüchtigen Blick ein, zwingt zum Hinsehen – und auch zum Lesen! Und damit hat die Anzeige ihr Ziel schon fast erreicht: Aufmerksamkeit und Nachdenken über ein dramatisches, allgegenwärtiges Thema: „Dem plötzlichen Herztod".

Ein Thema, mit dem man sich nicht gerne befasst, von dem sich aber nahezu jeder Betrachter der Anzeige unvermittelt angesprochen fühlt. Es erschließt sich sofort: Diese Bedrohung wird gerne übersehen, nur, im Notfall ist schnelle und kompetente Hilfe notwendig. Aber: Wer hilft?

Es ist das „Verdienst" dieser Anzeige, dass sie, wie mit einem Paukenschlag, auf diese Aktion und damit das Anliegen der Stiftung aufmerksam macht und nachhaltig sensibilisiert.

Sensibilisierung und Mitarbeiterwerbung – schneller und prägnanter kann man diese Botschaft in der Kommunikation nicht umsetzen. Dazu ein aufmerksamkeitsstarkes, klares Layout, eine gute Gestaltung in Farbe und Schrift. Kurz gesagt: Eine ausgezeichnete Arbeit, denn: „Werbung muss wirken – und diese Anzeige wirkt!"

HARTMUT BRENDT
Anzeigenleiter VDI-Nachrichten
VDI Verlag GmbH

Bronze

Kampagne
Genom

Agentur
Grabarz & Partner.Werbeagentur GmbH

Zielsetzung	Imagebildung	
Kreative Leitidee	Ein Fehler mit dramatischen Folgen führt den Bedarf eines guten Werbelektorates vor Augen.	
Begründung	Für mich sind die besten Kampagnen und Anzeigenmotive stets diejenigen, die auf einer Wahrheit beruhen. Eine Wahrheit, die sich aus dem Produkt- oder Markenangebot ableiten lässt. Wenn diese Wahrheit dann auch noch gekonnt erzählt, also in eine spannende Geschichte verpackt wird, dann ist der Weg zur exzellenten Kreation schon mehr als halb geschafft.	

In der Genom Anzeige ist, denke ich, beides gelungen. Jeder Texter, Redakteur oder Projektverantwortliche, der mal für einen fehlerfreien Text den Kopf hinhalten musste, weiß, wie schwierig bis unmöglich es ist, Zahlen- oder Buchstabenverdreher zu finden; das liegt zum Großteil daran, dass man den Text selbst verfasst hat und deswegen weiß, wie es richtig heißen sollte ...

Diese Wahrheit ist der gekonnt inszenierte Background für die Buchstabenkolonnen rund um die Entschleierung des Gens. Stimmt: Ein einziger Buchstabe kann in der Tat mein Leben verändern, macht den großen Unterschied. Ob im Gen oder in der Headline. Das Layout kommt zudem klar und aufmerksamkeitsstark daher, bindet mich spontan ein im ewigen Anzeigendschungel; weil es „anders" ist und sich sauber differenziert. Die Relevanz ist in der Zielgruppe ebenfalls unbestritten gegeben. Tja, und das wäre dann die ganze Wegstrecke zur exzellenten Kreation. Hut ab, klasse gemacht!

ULRICH TILLMANNS
Geschäftsführender Partner
Ogilvy & Mather Special

Medienwerbung

Kampagne
Genom

Beschreibung der Einreichung
ADC-Anzeige

Zielsetzung
Imagebildung

Zielgruppe
Werbeagenturen, Kommunikationsbranche insgesamt

Kreative Leitidee
Ein Fehler mit dramatischen Folgen führt den Bedarf eines guten Werbelektorates vor Augen.

Schwerpunkt des Media-Einsatzes
ADC Buch 2001

Ein einziger Buchstabe kann Ihr Leben verändern.

Bronze

WIENERS+WIENERS
Werbelektorat und Adaptionen

Auftraggeber	Verantwortlich	Agentur	Verantwortlich
WIENERS & WIENERS Werbelektorat GmbH	Marketingleitung RALF & GABRIELA WIENERS	Grabarz & Partner. Werbeagentur GmbH	Creative Direction RALF HEUEL

BoB 2002

Beschreibung der Einreichung
Anzeige

Zielsetzung
Bekanntmachung der @carola wendt Personalberatung bei Entscheidern; Vermittlungsangebot

Zielgruppe
Personalchefs und Geschäftsführer in Werbeagenturen

Kreative Leitidee
Freie Stellen zu besetzen? Carola Wendt hilft.

Schwerpunkt des Media-Einsatzes
Fachzeitschrift

BB O, J M, Spri ger & Jacoby, Scholz & Fri nds, weigertpiro zwolf, K SK, J T, H ye & Partner, McC nn, Y+ , Gra arz & Partner, Hei at, T WA, M &LB, D B.

Freie Stellen?

@CarolaWendt, Personalberatung, Poolstraße 11, 20355 Hamburg, Tel. 040.63 60 76-0, www.carolawendt.de

Auftraggeber
@carola wendt Personalberatung GmbH

Verantwortlich
Geschäftsführung
CAROLA WENDT

Agentur
weigertpirouzwolf Werbeagentur GmbH

Verantwortlich
Creative Direction Text
DIRK FINGER

Creative Direction Art
JÖRN MATTHIES

Art Direction
SIMONA KOMP

Text
OLIVER BIRKMEIER

Medienwerbung

Shortlist

Kampagne
Arbeitsamt

Beschreibung der Einreichung
Anzeige

Zielsetzung
@carola wendt Personalberatung als effektive Arbeitsvermittlung positionieren

Zielgruppe
Kreative und Kontakter

Kreative Leitidee
Das Arbeitsamt für Werber ist @carola wendt.

Schwerpunkt des Media-Einsatzes
Fachzeitschrift

@CarolaWendt Personalberatung sucht 52 gute Kreative und 18 erfahrene Kontakter. Dringend. Tel. 040.63 60 76-0, team@carolawendt.de, www.carolawendt.de

Auftraggeber
@carola wendt Personalberatung GmbH

Verantwortlich Geschäftsführung
CAROLA WENDT

Agentur
weigertpirouzwolf Werbeagentur GmbH

Verantwortlich Creative Direction Text
DIRK FINGER

Creative Direction Art
JÖRN MATTHIES

Art Direction
SIMONA KOMP

Text
OLIVER BIRKMEIER

BoB 2002

Anzeigenserien

Kampagne
ebm Imagekampagne

**Beschreibung
der Einreichung**
Imagekampagne

Zielsetzung
ebm geht als Weltmarktführer für Ventilatoren intelligent mit Luft um. Das ist die einfache aber entscheidende Botschaft für die Zielgruppe, um ebm zur B-to-B-Marke zu machen.

Zielgruppe
Technische Entscheider der Industrie (Luft-, Klimatechnik, Telekommunikation, Maschinenbau, KFZ, Gebäudetechnik)

Kreative Leitidee
Vergleich zwischen „dummer" Luft und intelligent geführter Luft durch ebm

**Schwerpunkt
des Media-Einsatzes**
CCI, VDI-Nachrichten

a | **Luft** *impulsiv*   b | **Luft** *effektiv*

a | **Luft** *plötzlich*   b | **Luft** *präzise*

Gold

a | **Luft** *überraschend* b | **Luft** *überlegt*

Die Kunst besteht darin, Luft intelligent zu bewegen. Nur wer Motortechnik, Strömungstechnik und Elektronik beherrscht, bringt den Luftstrom in der richtigen Stärke an die richtige Stelle. Eine Kunst, die bei ebm in über 8 000 Varianten erhältlich ist. Für die Klimatechnik, für Hausgeräte, für die Telekommunikation, für Gebäude, für Maschinen, für Nutzfahrzeuge, für Reinräume oder Kühltheken. Heute ist das, was Sie schlicht Ventilator nennen, ein perfekt geregeltes System für intelligent geführte Luft. Elektronik sorgt für einfache Regelung und geringen Energieverbrauch. Und über 8 000 Mitarbeiter auf der ganzen Welt sorgen dafür, dass intelligente Luft auch in Zukunft von ebm kommt.
—▷ | **Die ebm Gruppe mit ihren Marken ebm, PAPST und mvl ist der weltweit führende Hersteller von Motoren und Ventilatoren.**
ebm Werke GmbH & Co. KG, Postfach 11 61, 74671 Mulfingen, www.ebm-werke.de

Auftraggeber
ebm Werke GmbH
& Co. KG

Verantwortlich
Leitung PR
KAI HALTER

Agentur
RTS Rieger Team
Werbeagentur GmbH

Verantwortlich
Geschäftsführer
Kundenberatung
THOMAS E. J. MEICHLE

Creative Direction
GIOVANNI PERNA

Kontakt
THORSTEN HAUF

Text
FRITHJOF HAIDER

Satz
KERSTIN HÄUSER

Produktion
GABRIELE MIERZOWSKI

BoB 2002

Gold

Kampagne
ebm Imagekampagne

Agentur
RTS Rieger Team Werbeagentur GmbH

Zielsetzung ebm geht als Weltmarktführer für Ventilatoren intelligent mit Luft um. Das ist die einfache aber entscheidende Botschaft für die Zielgruppe, um ebm zur B-to-B-Marke zu machen.

Kreative Leitidee Vergleich zwischen „dummer" Luft und intelligent geführter Luft durch ebm.

Begründung Was ist der Unterschied zwischen „dummer" und „intelligent geführter" Luft? „Dumme Luft" kommt plötzlich und „intelligent geführte Luft" kommt präzise. Oder noch besser: „Dumme Luft" kommt impulsiv, die „intelligent geführte Luft" kommt „effektiv".

Wie grausam werden auch heute B-to-B-Themen immer noch umgesetzt. Wie wohltuend ist es, wenn es eine Anzeige schafft, schnell auf den Punkt zu kommen. Was sich die Kreativen von RTS RiegerTeam in Anlehnung an den „Fliegenden Robert" aus dem Bilderbuch des Frankfurter Kinderpsychologen Heinrich Hoffmann zum Thema Klimatechnik ausgedacht haben, ist verblüffend stilsicher für ein derart vielschichtiges Metier wie den Maschinenbau. Die Imageanzeigen-Kampagne ist so wirkungsvoll wie sie kinderleicht daherkommt.

Die spannungsgeladenen, in ungewohntem Schwarzweiß fotografierten Bilder saugen den Betrachter geradezu in die Anzeige. Und wenn er einmal drinnen ist, dann kommt er nicht mehr raus – dann liest er auch noch weiter und kennt sich besser aus. Mit der Klimatechnik von ebm. Denn gleich neben der Wirkungsweise von „dummer Luft" – etwa auf den Rock einer fahrradfahrenden jungen Dame – symbolisiert jeweils ein nüchternes Foto eines einzigen unerotischen Gegenstandes wie einer Turbine die Leistungsfähigkeit eben der „intelligent geführten Luft". Und ein kurz und überraschend verständlich gehaltener Copy-Text deutet an: Mit diesem Dienstleister trifft man die richtige Wahl.

Was lernen wir? Technische Entscheider, die Zielgruppe der Kampagne, müssen nicht länger mit nervtötenden Details über Produktvorteile und Garantiezeiten gelangweilt werden. Stattdessen genügt es, einen einzigen, aber womöglich wettbewerbsentscheidenden USP zu betonen: Intelligenz. Angesichts dieser treffsicheren Kampagne hatte auch die Jury keine andere Wahl: Gold für RTS RiegerTeam und ebm.

HEINER SIEGER
Mitglied der Geschäftsleitung
Tenovis GmbH & Co. KG

Gold

Kampagne
Brigitte Inserentenkampagne 2001

Agentur
Grabarz & Partner.Werbeagentur GmbH

Zielsetzung — Generierung von neuen Inserenten in Brigitte

Kreative Leitidee — Mit einer Leserschaft von über drei Millionen Frauen pro Ausgabe bietet Brigitte Markenherstellern eine unangefochtene Basis für die Markenkommunikation mit Frauen. Brigitte ist die Marke für Marken.

Begründung — So einfach können schwierige Themen wie „zielgruppengerechte Mediaplanung" inszeniert werden. Die Anzeigenkampagne ist eigentlich an Arroganz und Selbstbewusstsein kaum noch zu überbieten; so drängt es sich jedenfalls bei erster Annäherung auf. Normalerweise wäre das Thema damit erledigt. Bei weiterem Hinsehen steckt in der Botschaft jedoch offensichtlich noch eine Metaebene, lediglich Frau Antje stört hier ein wenig das unterstellte Konzept. Das macht neugierig. Die Anzeigen wollen kommunizieren, dass Brigitte ein 1a-Werbeträger in einer Zielgruppe ist, von der jeder weiß, dass sie Brigitte liest. Hm, das kann es ja eigentlich nicht sein, die Anzeigen wären damit überflüssig. Die Markensymbole werden jedoch von den Herren der Schöpfung, falsch, von den Machos der Werbung, vertreten. Da sehen wir neben dem Marlboro Man noch Uncle Ben, Meister Proper und Herrn Dr. Best, den Mann mit der Zahnarztfrau. Sie alle lesen Brigitte, vertieft, intensiv; glücklich? Alles klar, die Kampagne lehrt mich, dass auch Männer Brigitte lesen und kommuniziert dadurch eine Zielgruppenerweiterung. Volltreffer. Die Kriterien „normbrechend" und „richtig" werden zwar in unterschiedlichem Maße bedient, aber sie werden. Einmal mehr ist eine Wahrheit der Hintergrund der Idee. Denn Brigitte wird – heimlich – eben auch von Männern konsumiert; es ist ganz so wie mit McDonalds, wo ja auch nie irgendjemand gewesen sein will. Und wie passt Frau Antje zum Konzept? Ganz einfach, Frau Antje ist gar keine Frau.

ULRICH TILLMANNS
Geschäftsführender Partner
Ogilvy & Mather Special

Anzeigenserien

Kampagne
Brigitte
Inserentenkampagne 2001

**Beschreibung
der Einreichung**
Fünf Motive der Fachkampagne für Brigitte

Zielsetzung
Generierung von neuen Inserenten in Brigitte

Zielgruppe
Mediaentscheider in Werbeagenturen, Mediaagenturen

Kreative Leitidee
Mit einer Leserschaft von über drei Millionen Frauen pro Ausgabe bietet Brigitte Markenherstellern eine unangefochtene Basis für die Markenkommunikation mit Frauen. Brigitte ist die Marke für Marken.

**Schwerpunkt
des Media-Einsatzes**
Fachtitel wie z.B. w&v, der kontakter, Kress report, new business, Horizont.

Gold

Auftraggeber	Verantwortlich	Agentur	Verantwortlich
Gruner & Jahr AG & Co. Druck- und Verlagshaus Hamburg	Marketingleitung CHRISTIANE DÄHN	Grabarz & Partner. Werbeagentur GmbH	Creative Direction RALF HEUEL

Kampagne
Die Anti-Solarien-Kampagne

Beschreibung der Einreichung
Anzeige

Zielsetzung
Information über Hautkrebsrisiko bei Solarienbenutzung, Anheizen der öffentlichen Diskussion über die Thematik. Über Pressekonferenzen und den daraus resultierenden PR-Effekt sollte versucht werden, die „gegnerischen" Parteien an einen Tisch zu holen. Das letztendliche Ziel war es, einheitliche Richtlinien für die Herstellung, Bezeichnung und das Betreiben von Solarien zu erreichen.

Zielgruppe
Solarienindustrie, Solarienbetreiber, öffentliche Gesundheitsinstitutionen

Kreative Leitidee
„26 Jahre Solarien, 26 Jahre erhöhtes Hautkrebsrisiko."

Über möglichst provokante Plakat- und Anzeigenmotive sollte der „Gegner" aus der Reserve gelockt und über die einkalkulierte Abmahnung die öffentliche Diskussion angeregt werden.

Schwerpunkt des Media-Einsatzes
Print, Plakat und PR

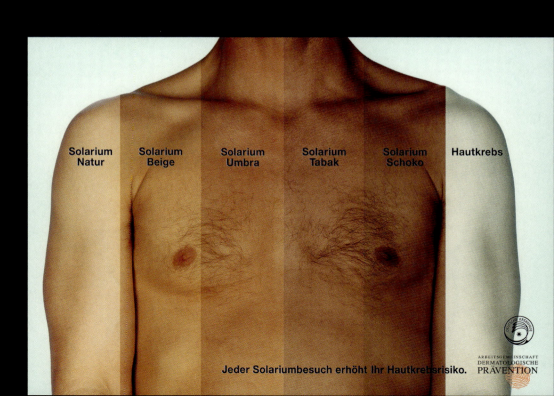

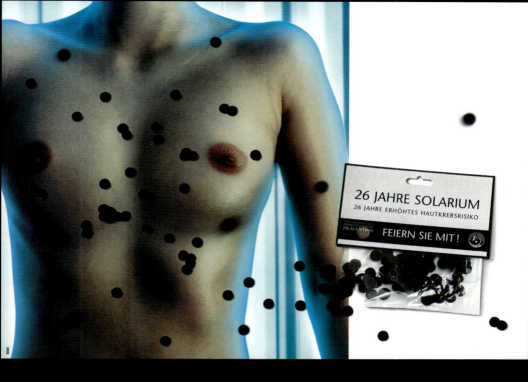
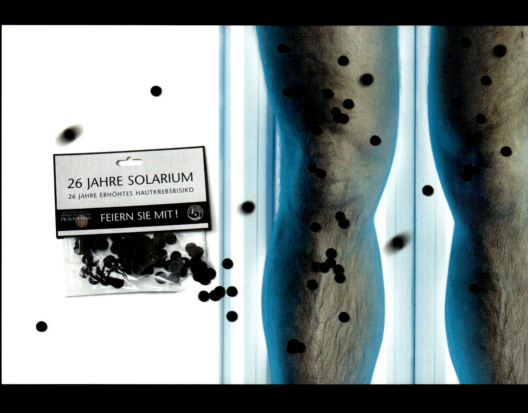

Verantwortlich
Werbeleitung
PROF. E. W. BREITBART

Leitung PR
SABINE VOSS /
COMMENTUM

Agentur
Heimat
Werbeagentur GmbH

Verantwortlich
Creative Direction
GUIDO HEFFEL

Art
TIM SCHNEIDER

Text
ANDREAS MANTHEY

Design

ANNA K
Fotograf
JENS BO

Litho
S&J DIG
Beratun

Gold

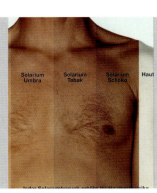

Kampagne
Die Anti-Solarien-Kampagne

Agentur
Heimat Werbeagentur GmbH

Zielsetzung   Information über Hautkrebsrisiko bei Solarienbenutzung, Anheizen der öffentlichen Diskussion über die Thematik. Über Pressekonferenzen und den daraus resultierenden PR-Effekt sollte versucht werden, die „gegnerischen" Parteien an einen Tisch zu holen. Das letztendliche Ziel war es, einheitliche Richtlinien für die Herstellung, Bezeichnung und das Betreiben von Solarien zu erreichen.

Kreative Leitidee   „26 Jahre Solarien, 26 Jahre erhöhtes Hautkrebsrisiko." Über möglichst provokante Plakat- und Anzeigenmotive sollte der „Gegner" aus der Reserve gelockt und über die einkalkulierte Abmahnung die öffentliche Diskussion angeregt werden.

Begründung   Braun sein ist schön. Und deshalb hat wohl fast jeder schon mal ein Solarium von innen gesehen. Klar, dass wir die Atmosphäre und das Procedere des künstlichen Sonnenbadens sofort in diesen Motiven erkennen: Das Licht hat seine ganz eigene und unnatürliche Ästhetik. Man meint beinahe, das leichte Knarzen des Kunststoffs, das beim Hinlegen entsteht, zu hören, ebenso wie die mit zunehmender Wärmeentwicklung lauter werdende Lüftung. Die Anonymität der abgebildeten Körper unterstreicht das Gefühl, dass es hier nicht nur um die Verletzlichkeit anderer geht, sondern auch um die eigene.

Aber wieso eigentlich Verletzlichkeit? Schließlich steht doch schwarz auf weiß geschrieben: „Feiern Sie mit uns!" Der Anlass dieser Feier erstickt die frohe Erwartungshaltung allerdings im Keim: „26 Jahre erhöhtes Hautkrebsrisiko." Herzlichen Glückwunsch. Die Anzahl von symbolisierten Hautkrebsgeschwüren lässt schnell jegliches Bedürfnis nach Befriedigung der eigenen Eitelkeit vergessen (Stichwort: „Braun sein ist schön").

Gewonnen hat die Kampagne aber nicht ausschließlich wegen ihres provokativen Charakters. Überzeugend war auch die Tatsache, dass die Provokation, das Riskieren einer Abmahnung von Seiten der Solarienindustrie, die kreative Leitidee überhaupt ausmacht. Das Ziel: eine öffentliche Diskussion und die Schaffung von „einheitlichen Richtlinien für die Herstellung, die Bezeichnung sowie das Betreiben von Solarien zu erreichen". In der Jury war man sich darüber einig, dass die Kampagne – insbesondere das Konfetti/Melanom-Motiv – in jedem Fall so gut ist, dass die Solarienindustrie in der Tat versuchen müsste, eine Abmahnung zu erwirken. Ergo: Aufgabe zur vollsten Zufriedenheit gelöst – oder spüren Sie jetzt etwa das dringende Bedürfnis nach künstlicher Bräune?

JOHANN C. FREILINGER
Geschäftsführer
FCBi Deutschland

Silber

Kampagne
Banner-Kampagne

Agentur
Lowe GGK Werbeagentur GmbH

Zielsetzung	Profilierung von ORF Interactive als Vermarkter von orf.at, einer der reichweitenstärksten Homepages in Österreich. Zusätzlich nachhaltige Steigerung der Banner-Schaltungen.
Kreative Leitidee	Auf originelle Weise zeigen, wie man die Sichtbarkeit eines Banners verhindern kann, um so auf die Wichtigkeit der Platzierung auf orf.at hinzuweisen.
Begründung	Tolle Idee, einfach und klar umgesetzt: Die Fotos sind bewusst aus ungewohnten Perspektiven geschossen, um noch mehr Aufmerksamkeit zu generieren. Und so wär's beinahe Gold geworden, aber gutes und sehr glänzendes, doppelt strahlendes Silber für B-to-B-Werbung vom Besten ist nicht hoch genug zu schätzen, sowohl für Österreich, als auch international betrachtet. Die Werber (Agenturen, Wirtschaft) werden oft genug mit schlecht aufbereiteten Informationen zugeschüttet, umso wohltuender die klaren, eindeutigen und damit rasch zu verstehenden drei Sujets mit den pervertierten Banner-Platzierungen: – am Dach einer U-Bahn, – auf der Innenseite einer Einbahntafel, – auf der Unterseite eines Containers. Ich wünsche mir für die Einreichungen in den nächsten Jahren viele solche Kampagnen, dann haben die JurorInnen endlich die Qual der Wahl im qualitativen Sinn.

PETER DROBIL
Abteilungsleiter Werbung
Bank Austria Creditanstalt, Wien

Anzeigenserien

Kampagne
Banner Kampagne

**Beschreibung
der Einreichung**
ORF-Enterprise Interactive
Kampagne

Zielsetzung
Die Aufgabe lautete, ORF-Enterprise Interactive als potenten Vermarkter von ORF.at, einer der reichweitenstärksten Homepages in Österreich, auf originelle Weise zu profilieren, mit dem Ziel, die Banner-Einschaltungen auf dieser Seite zu erhöhen.

Zielgruppe
Mediaagenturen, Werbeagenturen, werbetreibende Wirtschaft

Kreative Leitidee
Um die Wichtigkeit der richtigen Platzierung eines Internet-Banners zu demonstrieren, wurde der Gedanke gekippt und auf originelle Weise gezeigt, wie man die Sichtbarkeit eines Banners unterdrücken kann.

**Schwerpunkt
des Media-Einsatzes**
Print-Fachmedien

Silber

Auftraggeber
ORF-Enterprise GmbH
& Co. KG

Verantwortlich
Leiterin B-to-B-
Marketing
HEIKE RIEDEL

B-to-B-Marketing
BARBARA OSINGER

Agentur
Lowe GGK
Werbeagentur GmbH

Verantwortlich
Creative Director
CHRIGEL OTT

Art Director
HANNES BÖKER

Text
WERNER BÜHRINGER

Grafik
EVA LAYR

Client Service Director
LAURA LATANZA

Account Executive
ELISABETH WEISS

Account Assistant
DAVID DUONG

Fotografie
WOLFGANG ZAJC

Produktion
INGRID ZAX

Reinzeichnung
WOLFGANG BRANDSTÄTTER

Lithografie
VIENNAPAINT

Anzeigenserien

Kampagne
TKA Imagekampagne

Beschreibung der Einreichung
Imagekampagne für Automobil-Zulieferer

Zielsetzung
Neupositionierung von TKA als einer der weltweit größten Systempartner der Automobilindustrie. Verdeutlichung der Weiterentwicklung vom Teilezulieferer zum Systempartner mit den Kompetenzen: Werkstoffe, Verfahren, Sicherheit und Teileherstellung

Zielgruppe
Entscheider und Multiplikatoren in der Automobilbranche

Kreative Leitidee
Menschliche Körperlandschaften stehen für Kompetenzfelder von ThyssenKrupp Automotive

Schwerpunkt des Media-Einsatzes
Fachtitel Automobilindustrie

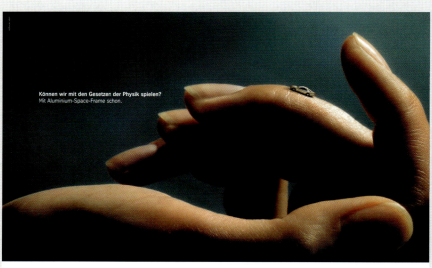

Bronze

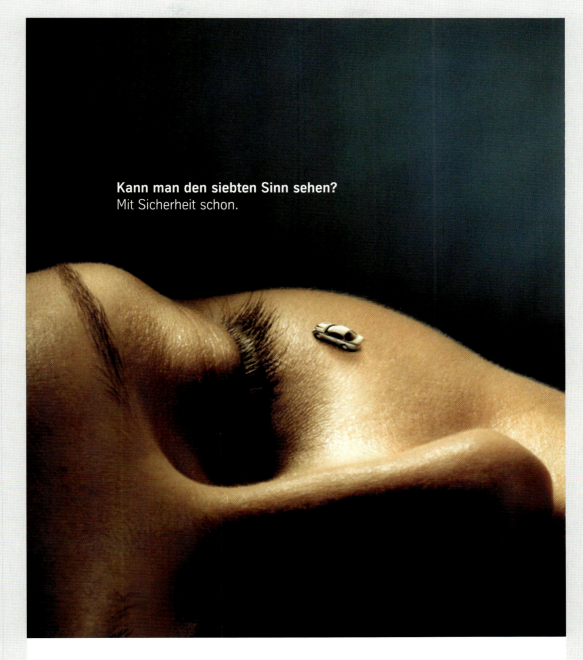

Auftraggeber
ThyssenKrupp
Automotive AG

Verantwortlich
Leiter Abteilung
Unternehmensstra-
tegie / Marketing
CHRISTIAN KRUTOFF

BoB 2002

Leiterin Werbung
Messen
DIPL.-ÖKONOM
CORNELIA KLEINA-PETER

Direktor Vorstandsbüro /
Öffentlichkeitsarbeit
DIPL.-VOLKSWIRT
VIKTOR BRAUN

Agentur
Ogilvy & Mather Special
GmbH & Co. KG

Verantwortlich
Creative Direction
JOCHEN SMIDT

Art
STÉPHANIE BEAUGRAND /
FLORENTINE STEINHARDT /
KATJA BRUNNER /
ADRIAN BUTNARIU

Text
VERUSCHKA LINDEN

Beratung
MICHAEL FREIHERR

Projektmanagement
SILKE SCHLEUSENER

Fotografie
KLAUS KAMPERT

Modellauto

Bronze

Kampagne
TKA Imagekampagne

Agentur
Ogilvy & Mather Special GmbH & Co. KG

Zielsetzung Neupositionierung von TKA als einer der weltweit größten Systempartner der Automobilindustrie. Verdeutlichung der Weiterentwicklung vom Teilezulieferer zum Systempartner mit den Kompetenzen: Werkstoffe, Verfahren, Sicherheit und Teileherstellung

Kreative Leitidee Menschliche Körperlandschaften stehen für Kompetenzfelder von ThyssenKrupp Automotive.

Begründung ThyssenKrupp Automotive ist eines von sechs Konzernsegmenten der ThyssenKrupp AG. 40.000 Mitarbeiter erwirtschaften weltweit über 6 Mrd. € Umsatz. Trotz der Tatsache, dass ThyssenKrupp Automotive heute weltmarktführend in der Automobil-Zulieferindustrie ist, wird das Konzernsegment, wie auch der Konzern allgemein, primär mit dem traditionellen Image des „Stahlkochers" assoziiert. Das Kommunikationsziel der aktuellen Imagekampagne musste sich daher darauf richten, neue, aber faktisch bestehende, Kompetenzfelder zu besetzen.

Automobilherstellern, Meinungsbildnern, Fachjournalisten wird vermittelt: ThyssenKrupp Automotive ist wesentlich daran beteiligt, Autos sicherer, langlebiger, sparsamer und komfortabler zu machen. Agentur und Kunde gelingt hier eine kraftvolle Inszenierung von hoher Ästhetik. Unter gänzlichem Verzicht auf Produktdarstellung werden Attribute wie Schönheit, Gefühl, Stärke als Projektionen der Sympathieerzeugung genutzt. Einzig eine proportional stark verkleinerte S-Klasse schafft in dieser Dramaturgie visuell die Brücke zum Automotive Supplier. Gruppiert um anonymisierte Teilsichten menschlicher Körper werfen die Headlines scheinbar geschlossene Fragen auf: Kann man Schönheit anziehen? Können wir Leben verlängern? Können wir mit den Gesetzen der Physik spielen?

Die Auflösungen im Copytext verweisen dabei auf ausgewählte Kompetenzfelder der ThyssenKrupp Automotive AG. Der Imagetransfer ist gelungen. Innovation, Internationalität, Hightech, Kundenorientiertheit und Souveränität sind gekonnt und branchenbezogen mit hohem Aufmerksamkeitsgrad herausgearbeitet worden. Für diese Inszenierung vergibt die Jury Bronze.

LOTHAR PETRI
Marketing Manager
Krupp Bilstein GmbH

Bronze

Kampagne
50.000 Jobs für Schwerbehinderte

Agentur
Ogilvy & Mather Special GmbH & Co. KG

Zielsetzung Ziel ist es, bis Oktober 2002 insgesamt 50.000 schwerbehinderte Menschen in Arbeit zu bringen. Entsprechend wird kommuniziert, welche gesetzlichen Neuerungen, Unterstützung und Fördermittel bei der Einstellung schwerbehinderter Menschen zur Verfügung stehen. Zudem soll dargestellt werden, dass schwerbehinderte Mitarbeiter und Mitarbeiterinnen oft sehr motiviert und qualifiziert sind und dadurch jedes Unternehmen bereichern können.

Kreative Leitidee Vitale, lebenslustige Menschen treten vor die Kamera. Und vor große, farbenprächtige Helden. Diese symbolisieren Eigenschaften, die den Gehandikapten auf den ersten Blick oftmals abgesprochen werden und zeigen, wie motiviert und qualifiziert die Testimonials ihren Job ausfüllen.

Begründung Das Anliegen der Kampagne wird auf eine besonders kreative und überzeugende Weise gelöst. Es sollen Unternehmer und Personalverantwortliche für das Einstellen von schwerbehinderten Menschen gewonnen werden. Es wird deutlich gezeigt, dass Schwerbehinderte erfolgreiche Mitarbeiter sein können. Die Behinderung wird aus der Ecke des „Kranken" und der „Unfähigkeit" herausgeholt. Damit wird die Bereitschaft, Schwerbehinderte einzustellen, erfolgreich unterstützt.

Ein besonders interessanter Spannungsbogen entsteht durch die Kombination von Heldengestalten als Hintergrundbild und eindringlichen, ehrlichen Abbildungen von schwerbehinderten Menschen. Die Heldenbilder symbolisieren bestimmte Eigenschaften, die Behinderten scheinbar abgehen. Tatsächlich wird dieser Mangel aber durch Motivation und Energie ausgeglichen.

Durch diesen Spannungseffekt wird gleichzeitig Aufmerksamkeit erregt und die Botschaft vermittelt.

PROF. GERHARD SCHUB VON BOSSIAZKY
Leiter des Forschungsschwerpunktes Kommunikation
Fachhochschule Düsseldorf

Anzeigenserien

Kampagne
50.000 Jobs für
Schwerbehinderte

Beschreibung
der Einreichung
Kommunikationskampagne

Zielsetzung
Ziel ist es, bis Oktober 2002 insgesamt 50.000 schwerbehinderte Menschen in Arbeit zu bringen. Entsprechend wird kommuniziert, welche gesetzlichen Neuerungen, Unterstützung und Fördermittel bei der Einstellung schwerbehinderter Menschen zur Verfügung stehen. Zudem soll dargestellt werden, dass schwerbehinderte Mitarbeiter und Mitarbeiterinnen oft sehr motiviert und qualifiziert sind und dadurch jedes Unternehmen bereichern können.

Zielgruppe
Unternehmer und Entscheider in Betrieben, Betriebsräte und Angestellte

Kreative Leitidee
Vitale, lebenslustige Menschen treten vor die Kamera. Und vor große, farbenprächtige Helden. Diese symbolisieren Eigenschaften, die den Gehandikapten oftmals auf den ersten Blick abgesprochen werden und zeigen, wie motiviert und qualifiziert die Testimonials ihren Job ausfüllen.

Schwerpunkt
des Media-Einsatzes
Unternehmer-Fachpresse, überregionale Tageszeitungen, Nachrichten-Magazine, persönlicher Dialog mit Unternehmern z.B. Workshops

Auftraggeber	Verantwortlich	Agentur	ADRIAN BUTNARIU	KERSTIN HAREMSA
Bundesministerium für Arbeit und Sozialordnung – Öffentlichkeitsarbeit –	Referatsleitung SUSANNE GASDE	Ogilvy & Mather Special GmbH & Co. KG	Text VERUSCHKA LINDEN	Fotografie ANDREAS MADER
		Verantwortlich Art KATJA BRUNNER /	Beratung MICHAEL FREIHERR / FRIEDERIKE GUDER Projektmanagement	Satz / Litho LASERLITHO 4

Anzeigenserien

Kampagne
EADS-Kampagne

**Beschreibung
der Einreichung**
Fachtitel-Anzeigen

Zielsetzung
Bekanntmachung des neuen Firmennamens „EADS". Verbindung herstellen zu den am Markt bereits bestehenden starken Marken der EADS-Tochterunternehmen und auch damit das umfassende Produktportfolio der EADS aufzeigen. Positionierung der EADS als global führendes Luft-, Raumfahrt- und Verteidigungsunternehmen.

Zielgruppe
Kunden, Analysten, Journalisten, Luft- und Raumfahrtbegeisterte, Öffentlichkeit

Kreative Leitidee
Alle Marken der Tochterunternehmen und Produkte unter einem Dach

**Schwerpunkt
des Media-Einsatzes**
Messen, Pressekonferenzen, Analystenmeetings, Recruiting-Veranstaltung

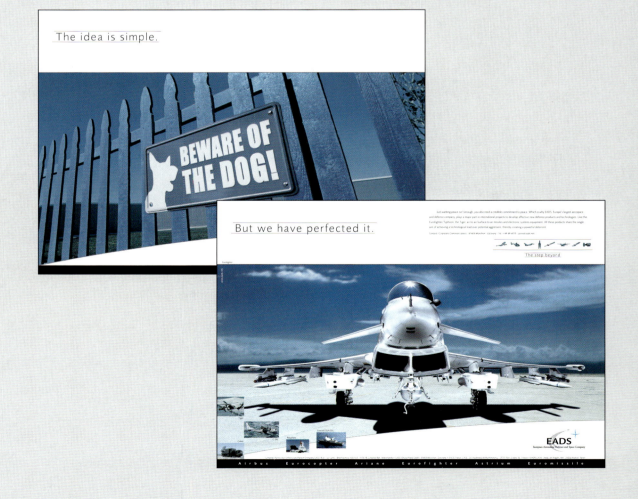

Shortlist

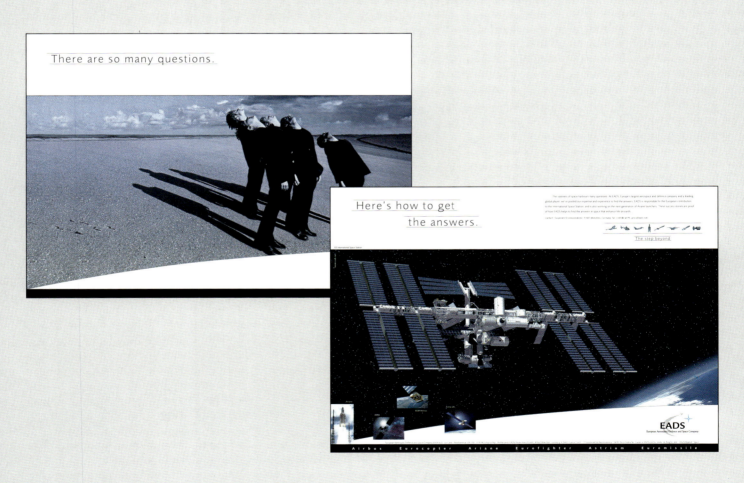

Auftraggeber
EADS Deutschland
GmbH

Verantwortlich
Senior Manager –
Promotion Advertising/
Corporate Promotion
THORSTEN MÖLLMANN

Agentur
Lowe Lintas & Partners

Verantwortlich
PREETI MALKANI

BoB 2002

Anzeigenserien

Kampagne
Produktion

Beschreibung der Einreichung
Relaunch-Kampagne

Zielgruppe
Gehobenes Management, technische Entscheider in der Industrie

Aufgabe/Zielsetzung
Das neue Konzept (Layout, Inhalt, Struktur) der „Produktion" bekannt machen. Den Führungsanspruch als die einzige Zeitung für die deutsche Industrie herausstellen.

Kreative Leitidee
Original-Zitate aus der „Produktion" werden mit anderen Bildzusammenhängen kommuniziert. „Das Wesentliche steht in der Produktion" wird als Claim damit humorvoll interpretiert.

Schwerpunkt des Media-Einsatzes
Fachzeitschriften: Fertigung, Elektronikjournal, MM Maschinenmarkt

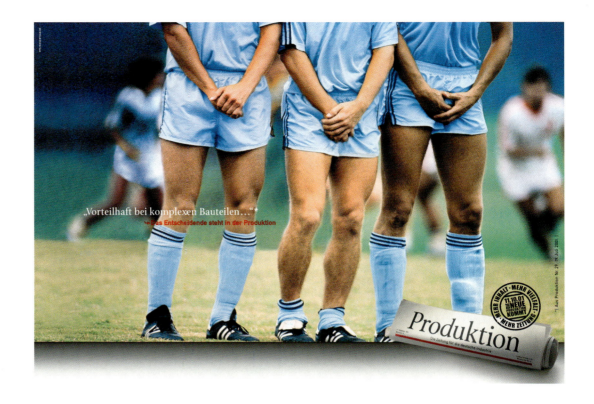

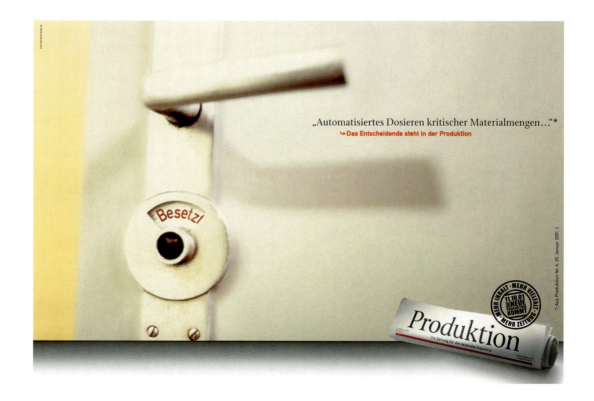

Shortlist

Auftraggeber	**Verantwortlich**	**Agentur**	**Projektleitung**		**Text**
Verlag Moderne	Leiter Anzeigen /	RTS Rieger Team	ANJA HAHN		SIEGFRIED SCHAAL
Industrie AG	Marketing	Werbeagentur GmbH	**Creative Direction**		**Satz**
	ANDREAS PFEILSCHIFTER		BORIS POLLIG		ULRIKE AUGNER
		Verantwortlich			
		Geschäftsführer	**Grafik**		**Produktion**
		Kundenberatung	BETTINA ANNUSCHEK		NADINE MEISSNER
		THOMAS E. J. MEICHLE			

BoB 2002

Anzeigenserien

Kampagne
Eltern Inserentenkampagne 2001

Beschreibung der Einreichung
Drei Motive der Fachkampagne für Eltern

Zielgruppe
Mediaentscheider in Werbeagenturen, Mediagenturen

Aufgabe/Zielsetzung
Gewinnung von Anzeigenkunden, Steigerung der Attraktivität der Leserschaft bei Anzeigenkunden

Kreative Leitidee
Die Bedeutung von Kindern für Konsum-Entscheidungen wird durch Kinder in realen Berufen in Szene gesetzt.

Schwerpunkt des Media-Einsatzes
Fachtitel wie w&v, Horizont

Auftraggeber
Gruner & Jahr AG & Co.
Verlagsgruppe München

Verantwortlich
Marketingleitung
MICHAELA MESTROM

Agentur
Grabarz & Partner.
Werbeagentur GmbH

Verantwortlich
Creative Direction
DIRK SIEBENHAAR

Multimedia-Anwendungen

Kampagne
CD-ROM „The step beyond"

**Beschreibung
der Einreichung**
Firmendarstellung

Zielsetzung
Bekanntmachung des neuen Firmennamens „EADS". Verbindung herstellen zu den am Markt bereits bestehenden starken Marken der EADS-Tochterunternehmen und auch damit das umfassende Produktportfolio der EADS aufzeigen. Positionierung der EADS als global führendes Luft-, Raumfahrt- und Verteidigungsunternehmen.

Zielgruppe
Kunden, Analysten, Journalisten, Luft- und Raumfahrtbegeisterte, Öffentlichkeit

Kreative Leitidee
Alle Marken der Tochterunternehmen und Produkte unter einem Dach

**Schwerpunkt
des Media-Einsatzes**
Messen, Pressekonferenzen, Analystenmeetings, Recruiting-Veranstaltung, Interne Kommunikation

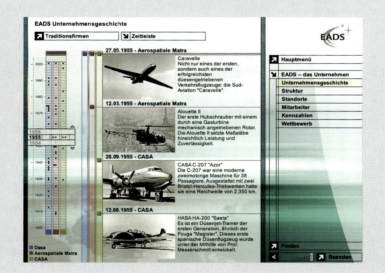

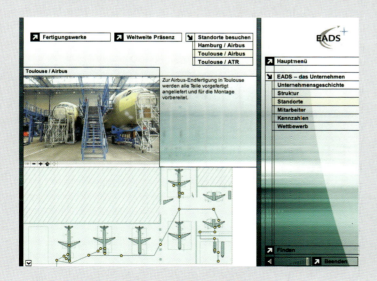

Gold

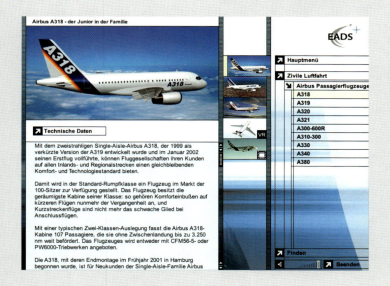

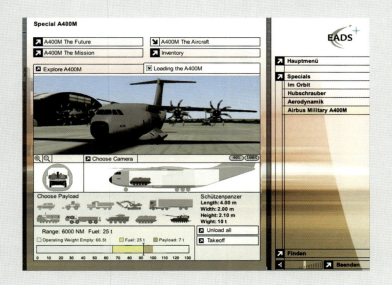

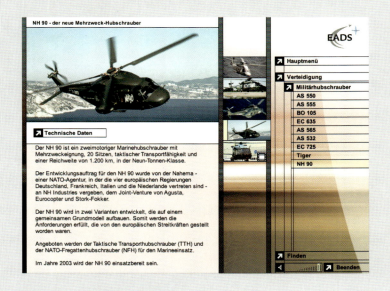

Auftraggeber
EADS Deutschland GmbH

Verantwortlich
Senior Manager
Promotion Advertising/
Corporate Promotion
THORSTEN MÖLLMANN

Agentur
FaroMedia (Netzwerk
für Beratung und
Produktion)

Verantwortlich
Geschäftsführender
Gesellschafter
MARKUS WIEGAND

BoB 2002

Gold

Kampagne
CD-ROM „The step beyond"

Agentur
FaroMedia (Netzwerk für Beratung und Produktion)

Zielsetzung Bekanntmachung des neuen Firmennamens „EADS". Verbindung herstellen zu den am Markt bereits bestehenden starken Marken der EADS-Tochterunternehmen und auch damit das umfassende Produktportfolio der EADS aufzeigen. Positionierung der EADS als global führendes Luft-, Raumfahrt- und Verteidigungsunternehmen.

Kreative Leitidee Alle Marken der Tochterunternehmen und Produkte unter einem Dach

Begründung Die Jury vergibt an die EADS für „The step beyond" die Auszeichnung Gold. Die CD ist eine außergewöhnliche interessante und emotionale Produktdarstellung mit hohem Informationsgehalt.

Sie vermittelt auf eindrucksvolle Weise die Faszination von Fluggeräten jeglicher Art. Die Bedienerführung ist klar und verständlich und führt den Betrachter mit einer Leichtigkeit durch das Programm.

Die Darstellungen sind grafisch sehr ansprechend und „fesseln" den Betrachter. Je mehr man in die Tiefe steigt, umso begeisterter ist man von der Art und Weise der digitalen Darstellung der EADS-Welt. Deshalb meinte die Jury, dass „The step beyond" wirklich ein step beyond ist.

FRANK ENGELHARDT
Marketingleitung
Sedus Stoll AG

JOCHEN SMIDT
Creative Director
Ogilvy & Mather Special

Silber

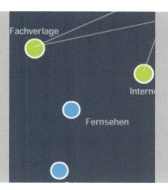

Kampagne
www.bertelsmann-content-network.de

Agentur
Elephant Seven GmbH

Zielsetzung
1. Information über die neugeschaffene „Querschnittsfunktion" von BCN innerhalb des Bertelsmann-Konzerns.
2. Potenzielle Geschäftspartner können hier online einen ersten Eindruck ihrer crossmedial verwertbaren Ideen an BCN übermitteln.

Kreative Leitidee
Grafische Umsetzung der BCN-Kernkompetenz „Vernetzen", interaktive Annäherung an die Information

Begründung
Die Darstellung eines sehr umfangreichen Netzwerkes und die Darreichung facettenreicher Inhalte stehen auf dieser Website im Vordergrund. Einer klaren Strukturierung der Inhalte und einer zielgerichteten Nutzerführung fällt das Hauptaugenmerk zu, um diese Komplexität zu bewältigen. Ein intelligentes, flash-basiertes Navigationskonzept dient hier als probates Hilfsmittel – nicht im Sinne „L'Art pour l'art" sondern als Ausdruck von Modernität und Innovationskraft des Absenders. Die Historie der ausgewählten Submenü-Punkte spiegelt nochmals den Gedanken der Vernetzung des Unternehmens wider. Insgesamt eine Lösung, die zum längeren Surfen einlädt, auch wenn der User bereits den gewünschten Inhalt längst gefunden hatte.

CHRISTOPH V. DELLINGSHAUSEN
CEO / Managing Partner
BBDO Interactive GmbH

Multimedia-Anwendungen

Kampagne
www.bertelsmann-content-network.de

Beschreibung der Einreichung
Die Anwendung stellt Tätigkeit und Möglichkeiten des Bertelsmann Content Network (BCN) dar und dient als erste Anlaufstelle für potenzielle Geschäftspartner.

Zielsetzung
1. Information über die neugeschaffene „Querschnittsfunktion" von BCN innerhalb des Bertelsmann-Konzerns.
2. Potenzielle Geschäftspartner können hier online einen ersten Eindruck ihrer crossmedial verwertbaren Ideen an BCN übermitteln.

Zielgruppe
Medienprofis

Kreative Leitidee
Grafische Umsetzung der BCN-Kernkompetenz „Vernetzen", interaktive Annäherung an die Information

Schwerpunkt des Media-Einsatzes
Web-Anwendung

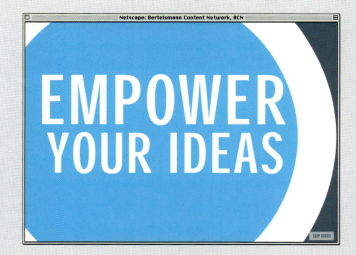

Silber

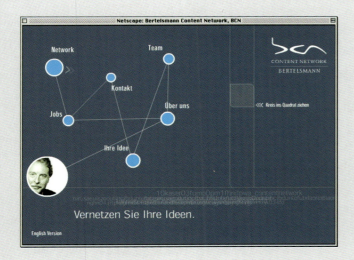
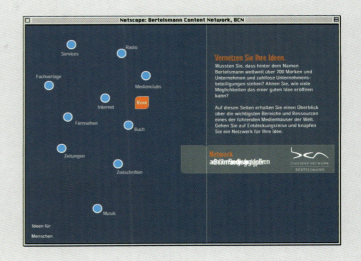

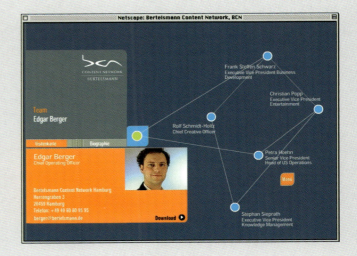
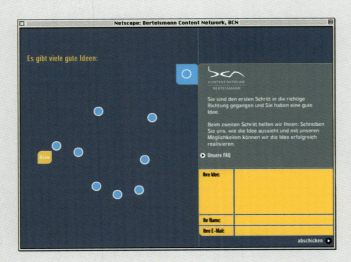

Auftraggeber
Bertelsmann Content Network

Verantwortlich
TOBIAS GROPP

Agentur
Elephant Seven GmbH

Verantwortlich
Creative Direction
STEPHAN KLEIN

Art Direction
NADIM HABIB

Kundenberatung
ALEXANDER HAUSER /
ANJA HEITMANN

Screendesign
NADIM HABIB

Programmierung
ULF TEEGE

Flash-Programmierung
JENS LEMBKE

Text
STEPHAN KLEIN /
TIM BANGE

BoB 2002

Multimedia-Anwendungen

Kampagne
www.milla.de

**Beschreibung
der Einreichung**
Internetauftritt

Zielsetzung
Die tägliche Arbeit der Stuttgarter Eventagentur adäquat ins Internet zu transportieren.

Zielgruppe
Nationale Kommunikationsstrategen aus den Bereichen Marketingservices sowie Messe, Event und Ausstellungen.

Kreative Leitidee
Der Internetauftritt wurde in zwei Varianten umgesetzt, um die vielfältigen Anforderungen an dieses Kommunikationsinstrument zu erfüllen.

In der Flash-Version schuf Büro diffus eine interaktive Erlebniswelt, in der mit Hilfe einer intuitiven Navigation verschiedene Objekte als Darsteller agieren, die dem User spielerisch die Unternehmensinhalte und Projekte der Agentur vermitteln. Inspiriert vom klassischen Theater setzt sich in jedem Bereich eine dynamische Bühne neu zusammen und suggeriert eine räumliche Bewegung. Erst im Bereich „Milla & Partner" löst sich die Bühnensituation auf und entlarvt sich als solche. Hier erhält der entdeckungsfreudige Besucher Einblick hinter die Kulissen – in die Welt der Agentur, die Arbeitsweisen und die Philosophien.

Die Html-Variante basiert auf rein textlicher Information und vermittelt diese einfach, schnell und klar an die Zielgruppe der Mehrfach-User, Schnellsurfer und Informationssuchenden.

**Schwerpunkt
des Media-Einsatzes**
Internet

Silber

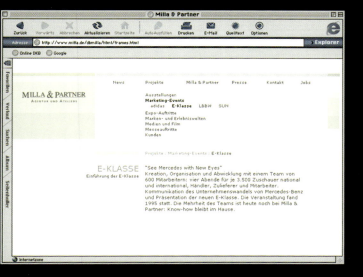

Auftraggeber
Milla & Partner GmbH

Verantwortlich
Geschäftsführung
JOHANNES MILLA

Agentur
diffus – Büro für
Mediengestaltung GmbH

Verantwortlich
Art Direction
CHRISTIAN WEISSER

Programmierung
ANDREAS SCHLEGEL /
ULI SCHÖBERL

Silber

Kampagne
www.milla.de

Agentur
diffus – Büro für Mediengestaltung GmbH

Zielsetzung Die tägliche Arbeit der Stuttgarter Eventagentur adäquat ins Internet zu transportieren.

Kreative Leitidee Der Internetauftritt wurde in zwei Varianten umgesetzt, um die vielfältigen Anforderungen an dieses Kommunikationsinstrument zu erfüllen:

In der Flash-Version schuf Büro diffus eine interaktive Erlebniswelt, in der mit Hilfe einer intuitiven Navigation verschiedene Objekte als Darsteller agieren, die dem User spielerisch die Unternehmensinhalte und Projekte der Agentur vermitteln. Inspiriert vom klassischen Theater setzt sich in jedem Bereich eine dynamische Bühne neu zusammen und suggeriert eine räumliche Bewegung. Erst im Bereich „Milla & Partner" löst sich die Bühnensituation auf und entlarvt sich als solche. Hier erhält der entdeckungsfreudige Besucher Einblick hinter die Kulissen – in die Welt der Agentur, die Arbeitsweisen und die Philosophien.

Die Html-Variante basiert auf rein textlicher Information und vermittelt diese einfach, schnell und klar an die Zielgruppe der Mehrfach-User, Schnellsurfer und Informationssuchenden. In einem dezent gestalteten Umfeld tauscht sich nur die gewünschte Information aus.

Begründung Manchmal gibt es sie noch, die Momente der spontanen Begeisterung für eine Internetseite. Der realisierenden Agentur diffus ist es gelungen, eine klassische Unternehmenspräsentation derart kreativ und innovativ umzusetzen, dass das Betrachten der in Flash entwickelten Seite ein ästhetischer Genuss ist. Der ewige Disput um „form follows funktion" ist hier in Perfektion egalisiert, da sich beides bedingt und gegenseitig verstärkt. Die herausragende Gestaltung geht dabei aber nie zu Lasten der Nutzerführung und der Information. Dadurch bricht der subjektive Eindruck der „Schönheit" auf und weicht dem konzeptionell objektiven Eindruck einer nachhaltig gestalteten und durchdachten Präsenz. Ihrem Sinn und Zweck, sich umfassend und stilistisch passend über die Eventagentur Milla & Partner zu informieren, wird sie dabei hundertprozentig gerecht.

ALEXANDER EWIG
Geschäftsführer
concept! AG

Imagekommunikation für Agenturen

Kampagne
Kommunikationsschach

**Beschreibung
der Einreichung**
New Business und
Akquisitionstool

Zielsetzung
Entwicklung eines Akquisitionstools, das gleichzeitig die Agenturpositionierung „Agentur für integrierte Kommunikation" verdeutlicht

Zielgruppe
Marketingleiter

Kreative Leitidee
Vergleich zwischen der „Königin der Spiele" und der „Königin der Kommunikation"

**Schwerpunkt
des Media-Einsatzes**
Direktansprache

Sonderpreis

Auftraggeber	**Verantwortlich**	**Agentur**	Creative Director Art	Fotografie
klink, liedig werbeagentur gmbh	Geschäftsführung GUNNAR KLINK	klink, liedig werbeagentur gmbh	RALF KASPER	ANDREAS HUBER
			Art Direction KARL HERTJE	Realisation, Druck etc. KASTNER & CALLWEY
		Verantwortlich Creative Director Text / Konzept GUNNAR KLINK	Produktion NICOLE DEHNER	

BoB 2002

Sonderpreis

Kampagne
Kommunikationsschach

Agentur
klink, liedig werbeagentur gmbh

Zielsetzung	Entwicklung eines Akquisitionstools, das gleichzeitig die Agenturpositionierung „Agentur für integrierte Kommunikation" verdeutlicht
Kreative Leitidee	Vergleich zwischen der „Königin der Spiele" und der „Königin der Kommunikation"
Begründung	Ein Schachspiel als Präsent, die eigene Kompetenz in „integrierter Kommunikation" zu transportieren, hat etwas Freches und Überzeugendes zugleich. Frech, weil Schach als Spiel der Könige gilt. Frech auch, weil Könige Alleinherrscher und die Figuren Vasallen sind. Klink, Liedig ist dabei noch einen Schritt weiter gegangen: Brett und Spiel sind gläsern. Die Agentur lässt sich also in die Karten schauen! Kommuniziert ein „offenes Haus"!

Überzeugend, weil sowohl beim Schach als auch in der „integrierten Kommunikation" derjenige siegt, der innerhalb weniger gezählter Regeln unzählige strategische Möglichkeiten und Ideen nutzt. Mutig und herausfordernd, auf solchem Weg die eigene Kompetenz zu demonstrieren.

Und letztlich ist es der Agentur auch gelungen, jahrtausendalte Figuren elegant in moderne Werkzeuge zu übersetzen. Mit diesem Schachspiel zeigt Klink, Liedig, dass zwar Evolution in der Kommunikation stattfand und stattfindet, dass das Spiel selbst aber immer noch ausschließlich mit Kreativität, Weitsicht und Einfühlungsvermögen in die Mitspieler gewonnen wird.

Die diesjährige Jury musste diese Auszeichnung in der Sonderkategorie „Imagekommunikation für Agenturen" zu Recht vergeben. BoB – Best of Business – der Name ist Programm. Und soll nicht verwässert werden. Bleibt nur noch die Frage, ob „integrierte Kommunikation" ein Spiel ist?

DR. MICHAEL TH. KRIS
MarketingReport
Health Science & Communications SC

Sonderpreis

Kampagne
Schindler, Parent & Cie
Agentur-Eigenwerbung

Agentur
Schindler, Parent & Cie GmbH

Zielsetzung   Akquisition von Neukunden durch Sichtbarmachung einer Dienstleistungsmarke und der Dokumentation eines Erfolgsnachweises.

Kreative Leitidee   Wir denken weiter und belegen dies.

Begründung   In einer Zeit, wo die Agentur-Differenzierung immer schwieriger wird, Network-Agenturen vielen mittelständischen Agenturen die Luft zum Atmen nehmen, fällt eine Agentur auf, die im Agentur-Ranking zum Höhenflug ansetzt. Was also ist das Geheimnis dieser Agentur? Wie sieht das Profil dieser Agentur aus? Seit ich die eingereichte Agentur-Präsentation von Schindler, Parent & Cie gesehen habe, weiß ich es. Hier wird integrierte Kommunikation gelebt. Für Schindler, Parent & Cie ist integrierte Kommunikation kein schmückendes Etikett, sondern eine Herausforderung, die angenommen und umgesetzt wird. Schindler, Parent & Cie sehen sich als Gestalt-Gestalter. „Wir begreifen Unternehmen und Marken als Persönlichkeiten, deren Gestalt wir gestalten, hegen und pflegen, weil wir immer das Ganze im Blick haben und Kommunikation als Wertschöpfungsfaktor begreifen." Wer sich mit dieser Agentur und ihrer Leistungsdarstellung auseinandersetzt, glaubt ihr.

„Wir denken weiter und belegen dies." Genau dieser Erfolgsnachweis ist Schindler, Parent & Cie in ihrer Agentur-Mappe und dem beigefügten Booklet exzellent gelungen. Kunde für Kunde werden Aufgabe, Strategie, zentrale Aussage, Idee, Umsetzung und zumeist auch das Ergebnis erläutert. Klar, präzise – überzeugend. Eine Informationskaskade von Daten und Fakten bis hin zu umfassenden Case-Studies. Es sind aber nicht nur die hintereinander geschalteten Leistungsbeispiele, die überzeugen, sondern es ist auch die Art der gleichartigen Anmutung der Präsentation, die angenehm auffällt. Geschickt werden Anzeigen-Sujets, Abbildungen von Kunden-Broschüren, -Katalogen und -Foldern bis hin zu Online-Auftritten, neuen Produkt-Designs in herausnehmbaren Präsentations-Foldern in durchgängigem CD präsentiert. Ein konsistenter Marken-Auftritt, bei dem ich mich als potenzieller Kunde wohlfühle, weil ich eindrucksvoll belegt bekomme, dass diese Agentur das Handwerk der Markenführung versteht und dabei zu kreativen Höchstleistungen fähig ist. Bei der Vielzahl der eingereichten Agenturpräsentationen eine ausgesprochen überzeugende Leistungsdarstellung.

TORSTEN FUHRBERG
Geschäftsführender Gesellschafter
MCO Marketing Communication Organisation

Imagekommunikation für Agenturen

Kampagne
Schindler, Parent & Cie
Agentur-Eigenwerbung

Beschreibung der Einreichung
Imagebroschüre, Referenzmappe, Keil, Kundenbrief, CD

Zielsetzung
Akquise von Neukunden. Repräsentanz am Markt. Sichtbarmachung einer Dienstleistungsmarke. Dokumentation und Erfolgsnachweis unserer Arbeit.

Zielgruppe
Kunden, Unternehmen, potenzielle Mitarbeiter

Kreative Leitidee
Wir denken weiter und belegen dies!

Schwerpunkt des Media-Einsatzes
keiner

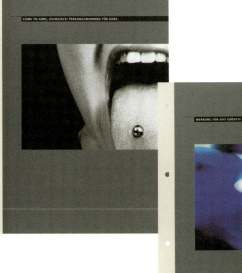
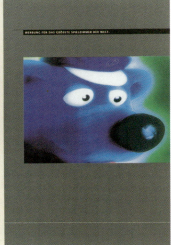

Sonderpreis

Auftraggeber
Schindler,
Parent & Cie GmbH

Verantwortlich
JEAN-CLAUDE PARENT

Agentur
Schindler,
Parent & Cie GmbH

Verantwortlich
Creative Direction /
Art Direction
CHRISTINE OBERBECK

Text
JEAN-CLAUDE PARENT

Fotografie
STEFANIE SUDEK /
KUHNLE & KNÖDLER

Druck
DRUCKEREI EBERL

BoB 2002

Imagekommunikation für Agenturen

Sonderpreis

Kampagne
Der Nussknacker

Beschreibung der Einreichung
Weihnachtsmailing

Zielsetzung
Die Aufgabe bestand darin, sich von der Flut der üblichen Weihnachtspost abzuheben und durch ein originelles Weihnachtsmailing bei den Kunden Aufmerksamkeit und Sympathie zu erzeugen.

Zielgruppe
14 Kunden (31 Ansprechpartner), 42 Geschäftspartner und Freunde

Kreative Leitidee
Der Nussknacker fungiert als kreative Leitfigur der Kampagne und zentrales Symbol für Weihnachten und das Leistungspotenzial der Agentur („harte Nüsse knacken").

Schwerpunkt des Media-Einsatzes
3D-Mailing, persönliche Übergabe für Top-Kunden durch einen als Nussknacker verkleideten Promotor, Mutation als Weihnachtskarte für Geschäftspartner und Freunde.

Auftraggeber
GAISER & PARTNER Marketingberatungs GmbH

Verantwortlich
Geschäftsführung
STEFAN GAISER

Agentur
GAISER & PARTNER Marketingberatungs GmbH

Verantwortlich
Projektleitung
BETTINA HÖLZL

Creative Direction / Text
STEFAN GAISER

Art Direction
JULIA SCHARINGER

Illustration
MAG. ANDREAS RAMPITSCH

Produktion
BETTINA HÖLZL

Matt von Jung

Beschreibung der Einreichung
Eigenanzeige weigertpirouzwolf „Matt von Jung"

Zielsetzung
weigertpirouzwolf als attraktive Agentur für talentierte Texter bekannt machen

Zielgruppe
Der Texter-Nachwuchs

Kreative Leitidee
weigertpirouzwolf ist die Werbeagentur, in der es Texter wirklich ganz nach vorne schaffen.

Schwerpunkt des Media-Einsatzes
Texterschmieden-Vorlesungsverzeichnis

JACOBY & SPRINGER

MATT v. JUNG

D E L ▲ N E Y ~ L E ▲ G ▲ S

Besser da bewerben, wo es Texter wirklich ganz nach vorne schaffen.
weigertpirouzwolf Werbeagentur. Michael Weigert 040-43 239-0

Sonderpreis

Kampagne
Der Nussknacker

Agentur
GAISER & PARTNER
Marketingberatungs GmbH

Zielsetzung — Die Aufgabe bestand darin, sich von der Flut der üblichen Weihnachtspost abzuheben und durch ein originelles Weihnachtsmailing bei den Kunden Aufmerksamkeit und Sympathie zu erzeugen.

Kreative Leitidee — Der Nussknacker fungiert als kreative Leitfigur der Kampagne und zentrales Symbol für Weihnachten und das Leistungspotenzial der Agentur („harte Nüsse knacken").

Begründung — Was ist passiert, wenn sich mehrere Jury-Mitglieder um eine hölzerne Nussknacker-Tischfigur versammeln und unter lautem Knacken von Haselnuss-, Walnuss-, Paranuss- und Cashewschalen Nusskerne mampfen und über die Selbstdarstellung von Agenturen zur Weihnachtszeit diskutieren?

Kaum zu glauben aber wahr: Da hat doch eine Agentur den „Nussknacker", diesen kitschigen bunten Kerl, allumfassend in ein Weihnachtsmailing verpackt. Und damit offensichtlich auf Anhieb das erste Ziel erreicht: Die Aufmerksamkeit des geneigten Publikums zu gewinnen.

Doch dabei bleibt es nicht. Was die Agentur GAISER & PARTNER mit dem Nussknacker zu tun hat? Das Signal ist offensichtlich – der einfachste gemeinsame Nenner ist: die Dienstleistung. Passend zur Weihnachtszeit, immer dann, wenn Lebkuchen, Dominosteine und eben Nüsse in Hülle und Fülle an Kunden und Freunde versandt werden, ist der kleine Helfer schalenmalmend zur Stelle. Ein kleiner aber hilfreicher Service.

Schön und gut. Nussknacker werden zur Weihnachtszeit zu Tausenden verschickt. Aber dass er auch in Lebensgröße und operettenhaft gewandet persönlich vorbeischaut, ist erst mal eine Überraschung. Und zur rundum integriert wirkenden Kampagne von GAISER & PARTNER gehört nicht nur der lebendige Nussknacker als Dienstbote, sondern dazu zählen auch die CD mit der gleichnamigen Operette von Peter Iljitsch Tschaikowsky, ein stimmiges Mailing sowie eine Übersicht über die beliebtesten Nussarten. – Den Punkt setzt nicht zuletzt die ernstgemeinte Aufforderung an den Empfänger, die schwierigsten Nüsse des kommenden Jahres doch bitte gemeinsam mit den Kommunikationsexperten der Agentur zu knacken. Und damit ist das zweite Ziel erreicht: Nach der Aufmerksamkeit einen sympathischen Aufhänger für die persönliche Aufforderung zur Kontaktaufnahme mit der Agentur zu generieren. Das gelingt wenigen Agenturen derart überzeugend und stimmig. Und war der Jury einen Sonderpreis im Bereich Agenturdarstellung wert.

HEINER SIEGER
Mitglied der Geschäftsleitung
Tenovis GmbH & Co. KG

Sonderpreis

JACOBY & SPRINGER
MATT v. JUNG
DELANEY-LEAGAS

Kampagne
Matt von Jung

Agentur
weigertpirouzwolf Werbeagentur GmbH

Zielsetzung weigertpirouzwolf als attraktive Agentur für talentierte Texter bekannt machen

Kreative Leitidee weigertpirouzwolf ist die Werbeagentur, in der es Texter wirklich ganz nach vorne schaffen.

Begründung Wer etwas zu sagen hat, braucht nicht viele Worte. Eine einfache Idee, welche die Zielgruppe anspricht, die solche Ideen permanent produzieren soll. So wird gleichzeitig der Maßstab für die Erwartungshaltung an zukünftige Kollegen gesetzt. Wenn das Ganze dazu sympathisch und mit einem gewissen Augenzwinkern vermittelt wird, was will man mehr. Eben „Best" of Business-to-Business-Communication.

JOCHEN DOSCH
Leiter Marketing-Kommunikation
KölnMesse GmbH

Imagekommunikation für Agenturen

Sonderpreis

Kampagne
www.q-home.de

Beschreibung der Einreichung
Webauftritt der Agentur Q

Zielsetzung
Einblick geben in die Tätigkeitsfelder von Q, Darstellung von Referenzarbeiten und Unterstreichung des Anspruchs (Kreativität, Originalität, Professionalität), Zusatznutzen durch weitere Optionen für den Besucher (Screensaver, Uhr, Wecker, eCards)

Zielgruppe
Designstudenten, Freelancer, potenzielle Auftraggeber

Kreative Leitidee
Aufteilung in Bild- und Infoebene, flashgestütze Navigation – die Inhalte entfalten sich sprichwörtlich, der Besuch muss (immer wieder) Spaß machen

Schwerpunkt des Media-Einsatzes
Web

Auftraggeber	Verantwortlich	Agentur	Verantwortlich	Kreation /
Q Kreativgesellschaft mbH	Projektleitung MARCEL KUMMERER	Q Kreativgesellschaft mbH	Projektleitung MARCEL KUMMERER	Programmierung GERHARD HEILAND / ALEX WEINL / MARKUS REWELAND

Sonderpreis

Kampagne
www.q-home.de

Agentur
Q Kreativgesellschaft mbH

Zielsetzung — Einblick geben in die Tätigkeitsfelder von Q, Darstellung von Referenzarbeiten und Unterstreichung des Anspruchs (Kreativität, Originalität, Professionalität), Zusatznutzen durch weitere Optionen für den Besucher (Screensaver, Uhr, Wecker, eCards)

Kreative Leitidee — Aufteilung in Bild- und Infoebene, flashgestütze Navigation – die Inhalte entfalten sich sprichwörtlich, der Besuch muss (immer wieder) Spaß machen

Begründung — Was für für eine Wohltat im Ablauf der Interactive-Jury zum BoB 2002: Die Web-Site der Wiesbadener-Agentur Q. Ästhetisch in der Gestaltung, spannend und innovativ in der Navigation, konsequent in der Umsetzung. Eine der wenigen Web-Sites, bei denen man schon nach den ersten Klicks sagen kann: Hier stimmt einfach alles. Dabei gibt es inhaltlich gar nichts Spektakuläres auf der Web-Site. Man findet Arbeitsbeispiele, Hintergrund-Infos zur Agentur, Kontakt-Ansprechpartner und ein paar nette Spielereien wie Grußkarten und Screensaver. Aber alles eben in einer Form aufbereitet, die einem das Gefühl gibt, dass man hier gut aufgehoben ist. Wäre ich nicht nur Agentur-Kollege, sondern auf Agentur-Suche, wäre mir die Web-Site von Q auf jeden Fall einen Anruf zum näheren Kennenlernen wert. Und was will eine Agentur mit ihrer Web-Site mehr erreichen? Ein echtes Highlight ist die Navigation mit aufklappenden Kärtchen. Wohltuend anders. Und liebe Kollegen: Euer Knips-O-Mat zum Ändern des Hintergrundbildes ist einfach klasse. Die Interactive-Jury zum BoB 2002 war sich auf jeden Fall schnell einig, dass die Web-Site von Q einen Sonderpreis in der Kategorie Agentur-Selbstdarstellung wert ist. Herzlichen Glückwunsch!

HANS-JÜRGEN KREITZ
Geschäftsführer
ComUnique

DIE EINREICHER 2002

21TORR AGENCYgmbh

A A,S,M, Werbeagentur GmbH
Agentur+Leven+Hermann GmbH & Co. KG
ART-KON-TOR Designgesellschaft

B b.a.s. dialog GmbH
B2A Media Grafic Design
Bank Austria
Barten & Barten Die Agentur GmbH
Bartenbach & Co. Werbeagentur GmbH & Co. KG
BBDO Düsseldorf
BBDO Interactive GmbH
BBDO InterOne GmbH
Beithan, Heßler Werbeagentur GmbH
bluelemon Interactive GmbH
BMZ! FCA WA GmbH & Co. KG
Büro Uebele Visuelle Kommunikation
Buschfeld.com
Butter. Agentur f. Werbung GmbH

C C.3 GmbH
Campaign House GmbH & co. KG
Claus Koch Corporate Communications GmbH
ComUnique GmbH & Co.
Concept ! AG
Creativ Partner Agentur für Werbung GmbH
Cybay New Media GmbH

D d`art visuelle Kommunikation
Demner, Merlicek & Bergmann Werbeges.m.b.H.
Detterbeck, Wider Werbung GmbH & Co. KG
Die Crew Werbeagentur
die Geschmacksverstärker GmbH
diffus – Büro für Mediengestaltung GmbH
DMC Design for Media and Communication
DUO Werbeagentur

E EADS Deutschland GmbH
ek3 Büro für Kommunikation GmbH
Elephant Seven GmbH
eleven eyes gmbh
energy Werbung GmbH
EPS Agentur für Kommunikation GmbH

F FCB Frankfurt
FCBi Deutschland GmbH
Freunde – Agentur f. visuelle Kommunikation
FSW DialogOne GmbH

G Gaiser & Partner GmbH
gambit marketing & communication
Gams & Schrage Healthcare OHC
GFT Technologies AG
ghost campany
GKM Werbeagentur GmbH
Glanzer & Partner Werbeagentur GmbH
Grabarz & Partner Werbeagentur GmbH
GTZ GmbH

H häfelinger + wagner design
Hagenhoff + Graef GmbH Werbeagentur
Hartinger Consulting GmbH
Hebe. Werbung & Design
Heimat Werbeagentur GmbH
Heithausen & Behler GmbH
Heuer & Sachs WA GmbH
Hoffmann und Campe Verlag GmbH
Hotsprings GmbH
Huth + Wenzel Werbeagentur GmbH

I i_d buero gmbh
in(corporate communication + design GmbH

J Jung von Matt/Limmat AG

K K.F.C. GmbH
Kat International AG
Kleiner und Bold GmbH

Klink, Liedig Werbeagentur GmbH
Komm, Agentur
Kuhn, Kammann & Kuhn AG

L Lange + Pflanz Werbeagentur GmbH
Leonhard Multimedia GmbH
Leonhardt & Kern Werbung GmbH
Lingner & Lingner Consulting New Media
Lippert Wilkens Partner Werbeagentur GmbH
Lorenz & Company Werbeagentur GmbH
Lowe GGK

M Maksimovic & Partners Werbeagentur GmbH
McCann-Erickson Frankfurt GmbH
MP Sales Marketing GmbH
MSBK Proximity GmbH
Mutabor Design GmbH

N n.a.s.a.2.0 GmbH
new*performance Werbeagentur GmbH

O Ogilvy + Mather Spezial GmbH & Co. KG
OgilvyOne worldwide
Ogilvyone Worldwide Vienna

P pfiffige Kommunikation
PGPA Werbeagentur AG
pharma conzept GmbH
Pierniczek | Kämpfer & Partner GmbH
plenum stoll & fischbach Communication GmbH
portamundi GmbH & Co. KG
PragmaCom Agentur für Kommunikation
Publicis KommunikationsAgentur GmbH GWA

Q Q Kreativgesellschaft mbH

R Reklamebüro GmbH
rheinfaktor – agentur f. kommunikation
Rother Plus Werbeagentur
Rotor Medien GmbH
RTS Rieger Team Werbeagentur GmbH

S SALESTOOLS
SanderWerbung GmbH
Schindler, Parent & Cie.
Schrangl´Preslmayer´Schaurhofer GmbH
Ska Dialog Werbeagentur GmbH
so.agentur für kommunikation gmbh
Spreitzer New Media GmbH
strichpunkt gmbh
Struwe & Partner Werbeagentur GmbH

T TBWA München Werbeagentur GmbH
TC-Gruppe GmbH Target Communications
thema communications gmbh
ThompsonConnect GmbH

U UMPR | Ute Middelmann PR GmbH

V Vaporisateur Agentur f. Kommunikation
VHMA Marketingagentur AG
Visionauten Werbeagentur
VSN Visual Solutions Network GbR

W WBW Werbeagentur
weigertpirouzwolf Werbeagentur GmbH
WIBO Agentur f. Unternehmenskommunikation
Wiebel und Partner GmbH
Wire Advertising
Wirz & Hafner Werbeberatung GmbH
WITT. Raum für Werbung

Z Zink & Kraemer GmbH

RANKING

B-to-B-Agenturen Ranking 2002

Aktuelle Umfrage des kommunikationsverband.de bei Agenturen und Spezialdienstleistern im Bereich Business-to-Business in Deutschland, Österreich und der Schweiz (zum Gross Income (GI) zählen die Werbemittlungserlöse (Media), die Beratungshonorare sowie die Gestaltungs- und sonstigen Honorare; die Summe stellt die Netto-Roheinnahme, das Gross Income dar).

PLATZ 1-37

Platz	Agentur / Firmenname	GI B-to-B (Mio €) 2001	GI B-to-B (Mio €) 2000	GI gesamt (Mio €) 2001	GI gesamt (Mio €) 2000	Mitarbeiter 2001	Mitarbeiter 2000	Internet-Adresse
1	PUBLICIS Kommunikations Agentur GmbH	21,0	20,0	25,0	23,0	170	165	www.publicis-erlangen.de
2	Kogag Bremshey & Domning GmbH	15,6	15,7	15,6	15,7	204	198	www.kogag.de
3	VOK DAMS Gruppe Ges. für Kommunikation mbH	15,3	k.A.	18,1	16,1	95	85	www.vokdams.de
4	heller & partner communication GmbH	10,7	11,0	15,9	16,4	126	132	www.heller-partner.de
5	Ogilvy+Mather Special GmbH & Co. KG	10,2	7,4	10,2	7,4	67	45	www.ogilvyspecial.de
6	FCBi Deutschland GmbH	8,1	7,8	8,7	8,3	73	70	www.fcbi.de
7	Kochan & Partner GmbH	6,5	5,4	6,5	5,4	79	65	www.kochan.de
8	Werbeagentur Karius & Partner GmbH	5,5	5,1	8,6	7,9	59	60	www.karius-partner.de
9	Sander Werbung GmbH	5,2	4,7	5,2	4,7	44	41	www.sanderwerbung.de
10	Schuster+Partner communications	5,0	4,3	7,6	5,7	44	40	www.schuster-partner.de
11	Creakom Dialog Creative und Marketing GmbH	4,9	4,1	4,9	4,1	63	96	www.creakom.de
11	Werbeagentur Beck KG	4,9	4,8	4,9	4,8	15	15	www.werbeagentur-beck.de
13	b.a.s. dialog GmbH	4,8	5,8	6,9	7,9	83	93	www.bas.de
14	Interface Communication GmbH	4,1	3,9	4,1	3,9	40	37	www.interface-communications.de
14	Jochen Schweizer GmbH	4,1	3,2	4,1	3,2	22	18	www.jochen-schweizer.de
16	das trio kommunikation und marketing GmbH	3,5	3,0	5,5	4,6	64	58	www.das-trio.de
16	KNSK Werbeagentur GmbH	3,5	k.A.	13,6	k.A.	125	k.A.	www.knsk.de
18	ADPOINT Werbeagentur GmbH	3,1	2,8	3,3	3,2	28	30	www.adpoint.de
19	GREMMER DIREKT GmbH	3,0	3,3	12,1	13,2	222	210	www.gremmer.com
20	Schlasse GmbH für Kommunikation	2,9	2,1	2,9	2,1	26	24	www.schlasse.de
21	Golin/Harris B&L GmbH	2,8	3,3	2,8	3,3	23	25	www.golinharris.de
21	Partnerpool KreativMarketing GmbH	2,8	2,1	6,7	5,8	59	54	www.partnerpool.de
23	assenmacher network gmbh	2,6	2,3	3,2	2,8	37	36	www.assenmacher.de
24	g+r werbeagentur GmbH	2,5	3,5	2,5	3,5	10	11	www.gr-werbeagentur.de
24	WWW Woerlen Business Communications GmbH	2,5	2,9	2,5	2,9	36	39	www.www-woerlen.de
26	ComUnique Agentur für Marketing-Kommunikation & Co	2,4	2,3	2,7	2,6	26	24	www.comunique.com
26	EMS & P Kommunikation GmbH	2,4	2,0	3,3	3,2	23	23	www.ems-p.de
26	hanke multimediahaus AG	2,4	2,1	9,6	8,6	95	85	www.hmmh.de
29	Werbeagentur Regelmann GmbH & Co.	2,3	2,0	2,3	2,0	17	16	www.regelmann.de
30	Agenta Werbeagentur GmbH	2,1	1,8	5,1	5,1	60	60	www.agenta.de
30	divacomGmbH	2,1	2,1	2,1	2,1	11	11	www.divacom.de
30	Image Marketing GmbH	2,1	1,9	2,3	2,3	18	18	www.image-kiel.de
33	K & R GmbH	2,0	1,6	2,2	1,7	18	14	www.wirhelfenverkaufen.de
33	Zellner & Pirker Werbeagentur GmbH	2,0	3,8	2,0	3,8	29	34	www.zellner.de
33	Service-Team GmbH	2,0	1,0	2,0	1,0	k.A.	k.A.	www.serviceteamgmbh.de
36	Die Brandenburgs/Werbeagentur GmbH	1,9	1,7	1,9	1,7	25	24	www.brandenburgs.de
36	CB.e Clausecker + Bingel.Ereignisse GmbH	1,9	2,1	2,1	2,3	20	22	www.cbe.de

PLATZ 38-71

Platz	Agentur / Firmenname	GI B-to-B (Mio €) 2001	2000	GI gesamt (Mio €) 2001	2000	Mitarbeiter 2001	2000	Internet-Adresse
38	Mediaplan Ges.für strategische Mediaplanung GmbH	1,8	0	7,6	0	10	0	www.mediaplan-hh.de
39	CACH Gmbh+Co. KG	1,7	1,4	3,9	3,2	15	7	www.agentur-cach.de
39	KMF Werbung GmbH	1,7	1,9	4,6	5,1	70	60	www.kmf.de
41	proteco GmbH	1,6	1,4	1,6	1,4	18	15	www.proteco.de
41	Schulze Walther & Zahel GmbH	1,6	1,5	2,2	2,2	30	25	www.swz.de
43	Connect 21 GmbH	1,5	1,2	3,8	3,1	42	35	www.connect21.de
43	House of Events GmbH	1,5	1,2	1,5	1,2	16	18	www.house-of-events.de
43	Klass'Werbeagentur GmbH	1,5	1,5	1,5	1,5	9	8	www.klass-werbung.de
43	Prahl-Recke Ges. für Marken- und Firmenprofile mbH	1,5	1,7	1,8	2,1	15	16	www.prahl-recke.de
43	STI-Propos Promotion GmbH	1,5	1,5	1,4	1,4	22	18	www.sti-group.com
48	Markenteam Werbeagentur GmbH	1,4	1,2	1,4	1,2	14	11	www.markenteam-dresden.de
49	AFAM e.K.	1,3	1,2	1,3	1,2	12	13	www.afam.de
49	Arc-en-Ciel Werbeagentur GmbH	1,3	0,9	3,8	1,6	25	20	www.arc-en-ciel.de
49	Aufsess Creative Company Gmbh	1,3	1,5	1,5	1,8	10	15	www.aufsess.com
49	D'Arcy Masius Benton & Bowles GmbH	1,3	4,2	31,8	44,2	273	375	www.darcyww.com
49	EPS Agentur für Kommunikation GmbH	1,3	1,3	2,7	2,7	40	39	www.eps-ratingen.de
49	GPA Werbeagentur AG	1,3	1,0	2,3	1,9	26	22	www.pgpa.de
49	MERZ Werbeagentur GmbH	1,3	1,3	2,0	2,0	16	16	www.merz-werbeagentur.de
49	VOXX:Ges.für Marketing und Beratung mbH	1,3	1,0	1,4	1,1	8	7	www.voxx.de
57	Zink und Kraemer Agentur für Kommunikation GmbH	1,2	1,0	1,3	1,0	16	14	www.zuk.de
58	141 Germany GmbH	1,1	0,9	3,7	3,7	26	26	www.141germany.de
58	Investion GmbH	1,1	1,0	1,1	1,0	12	10	www.investion-info.de
58	kern & friends GmbH	1,1	0,5	1,1	0,5	4	2	www.kernandfriends.de
58	NOW Strategische Markenentwicklung	1,1	0,7	1.1	0,7	16	12	www.now-berlin.de
58	Slogan Werbung Marketing Consulting GmbH	1,1	1,5	1,9	2,6	22	23	www.slogan.de
58	Werbeagentur von Holzschuher + Gann GmbH	1,1	0,9	3,0	2,8	12	10	www.holzschuher-gann.de
64	A,S,M, Werbeagentur GmbH	1,0	1,0	1,0	1,0	9	9	www.asm-muenchen.de
64	Eberle GmbH, Werbeagentur GWA	1,0	0,9	2,3	1,9	36	30	www.eberle-werbeagentur.de
64	Lorenz & Company Werbeagentur GmbH	1,0	1,1	1,3	1,3	8	8	www.lorenz-company.de
64	PWA Pütz Werbeagentur GmbH	1,0	1,3	1,5	1,9	15	18	www.pwa-hamburg.de
64	ThompsonConnect GmbH	1,0	0,9	1,8	1,8	15	13	www.thompsonconnect.de
64	weiss & kohnen Gesellschaft für Dialogmarketing	1,0	1,0	2,1	1,8	15	15	www.weiss-kohnen.de
64	WerbeHaus GmbH	1,0	0,9	1,0	0,9	9	8	www.werbehaus.com
71	Concept & Design Werbeagentur GmbH	0,9	0,8	1,2	1,2	14	15	www.concept-design.de
71	KML Werbeagentur GmbH	0,9	0,9	0,9	0,9	7	7	www.kml.de
71	L & H Marketing Werbeagentur	0,9	0,7	0,9	0,7	k.A.	k.A.	www.L-und-H.de
71	RosenbauerSolbach Werbeagentur GmbH	0,9	1,2	1,4	1,9	18	18	www.rosenbauersolbach.de

PLATZ 71-110

Platz	Agentur / Firmenname	GI B-to-B (Mio €) 2001	2000	GI gesamt (Mio €) 2001	2000	Mitarbeiter 2001	2000	Internet-Adresse
71	T & O GmbH Werbeagentur	0,9	0,9	0,9	0,9	7	6	www.tuo.de
76	ADVERB Werbeagentur GmbH	0,8	0,8	0,9	0,8	8	7	www.adverb.de
76	Andreae und Bornschein Werbeagentur GmbH	0,8	0,8	0,8	1,0	14	14	www.AundB.de
76	Britt & Partner GmbH	0,8	0,5	5,0	3,6	11	9	britt.partner@t-online.de
76	Hässelbarth & Freunde GmbH	0,8	0,6	0,9	0,9	k.A.	k.A.	www.haesselbarth.de
76	Heureka! Ges.für Unternehmenskommunikation mbH	0,8	0,7	0,8	0,7	14	12	www.heureka.de
76	Plum Agentur fürKommunikation GmbH	0,8	0,8	0,8	0,8	8	8	www.plum.de
76	Wiegel & Werbung GmbH	0,8	0,7	1,1	1,2	18	16	www.wiegel-werbung.de
83	B/O/L/K/ Gesellschaft für Marketing, Werbung & PR	0,7	0,9	0,7	0,9	5	5	www.bolk.de
83	GentCom GmbH	0,7	0,7	0,8	0,8	12	10	www.gentcom.de
83	LässingMüller Werbeagentur GmbH	0,7	0,6	1,1	1,0	18	16	www.laessingmueller.de
83	Red Cell Werbeagentur GmbH & Co. KG	0,7	1,0	7,5	8,0	69	66	www.redcellnetwork.de
87	Ariston Media Service GmbH	0,6	0,4	2,3	2,1	35	35	www.ariston-media-service.de
87	OSW Werbeagentur GmbH	0,6	0,5	0,7	0,7	7	6	www.osw.de
87	PragmaCom Agentur für Kommunikation	0,6	0,7	0,6	0,7	6	7	www.pragma.de
90	Counterpart Agentur für Kommunikation GmbH	0,5	0,5	0,7	0,6	24	26	www.counterpart.de
90	is Werbeagentur idee + service Dr. Barth GmbH	0,5	0,7	4,8	5,9	6	5	www.iswerbeagentur.de
90	Lange+Pflanz Werbeagentur GmbH	0,5	0,8	1,0	1,3	15	20	www.lpsp.de
90	MK Medien & Marketing	0,5	0,5	1,0	1,0	5	3	www.mkmedien.de
90	S&P Die Kommunikations-Agentur GmbH	0,5	0,4	0,7	0,6	5	5	www.agentursp.de
90	Tepe Marketingagentur GmbH	0,5	0,3	0,6	0,3	10	6	www.tepe-marketing.de
90	time for Werbeagentur GmbH	0,5	0,5	k.A.	k.A.	6	7	www.timefor.de
90	up grade GmbH	0,5	0,4	k.A.	k.A.	13	13	www.up-grade.de
90	W. Günter Hieber Werbeagentur	0,5	0,5	0,5	0,5	5	6	www.werbeagentur-hieber.com
99	essence.Werbeagentur GmbH	0,4	0,5	0,6	0,6	8	10	www.get-the-essence.de
99	fox agentur für kommunikation GmbH	0,4	0,3	0,8	0,5	9	7	www.fox-kom.de
99	Meid, Meid + Partner GmbH	0,4	0,3	0,4	0,3	8	8	www.meidmeid.de
99	Pfeiffer Media Service GmbH	0,4	0,5	k.A.	k.A.	6	7	www.pfeiffermedia.de
99	PUNKTUM Werbeagentur GmbH	0,4	0,4	0,4	0,4	11	9	www.punktum1.de
104	Campaign House	0,3	0,3	k.A.	k.A.	5	k.A.	www.campaignhouse.de
104	Dr. Dabow & Lange, Grafik und Werbung	0,3	0,3	0,3	0,4	4	4	www.dabow-lange.de
104	einsplus marktkommunikation GmbH	0,3	0,0	0,3	0,0	5	k.A.	www.einsplus.com
107	rückenwind GmbH & Co. KG	0,2	0,1	0,2	0,1	12	8	www.rueckenwind.net
107	W.G.W.S. Capito! GmbH	0,2	0,2	0,2	0,2	3	3	www.wgws-capito.de
109	AD Think Werbeagentur e.K.	0,1	0,1	0,1	0,1	1	1	www.adthink.de
109	Lindemann Bagios Werbeagentur GmbH	0,1	0,1	0,3	1	13	10	www.lbberlin.de

AGENTUREN

Agenturporträts

arc-en-ciel Werbeagentur GmbH

Die Brandenburgs / Werbeagentur GmbH

FCBi Deutschland GmbH

Ogilvy & Mather Special GmbH & Co. KG

Zellner & Pirker Werbeagentur GmbH

Referenzadressen

arc-en-ciel Werbeagentur GmbH
Tumblingerstraße 32
80337 München
Fon: 089/ 76 70 65-0
Fax: 089/ 74 70 55-2
E-mail: info@arc-en-ciel.de
www.arc-en-ciel.de

Ansprechpartner
Beratung:
Stephan Oberacher, Managing Director
Florian Lüft, Senior Account Director

Kreation:
Mike Kroiss, Creative Director
Yvonne Hennings, Creative Director

Agenturdaten

Gründungsjahr
1989

Mitarbeiterzahl
25

Geschäftsführer
Stephan Oberacher

Kurzprofil
Kernkompetenz von arc-en-ciel ist die strategische Entwicklung und professionelle Umsetzung von integrierten Marketingkonzepten und deren kreativer Kommunikation – mit dem Ziel, den Erfolg des Kunden in den Mittelpunkt unserer Arbeit zu stellen.

Kunden
arc-en-ciel ist in drei Competence Center aufgeteilt, um Kunden mit dem erforderlichen branchenspezifischen Fachwissen professionell zu betreuen.

IT & Hightech Brands
    Actano
    Better Car Sales
    Eicon Networks
    Enterprise international
    Eprise
    NCR / Teradata Solutions Group
    Right Vision
    Siemens
    Tiscali Business

Energy & Industry Brands
    energiewerk.ag
    W.L. Gore & Associates GmbH
    Osram

Consumer & Service Brands
    Accor Group / Novotel
    AOK Bayern
    Daniel Hechter
    Deutsche Immobilienfonds Verwaltung
    Eureal
    iesy, Kabel Hessen
    Philip Morris
    Quelle
    Tiba Management Consulting

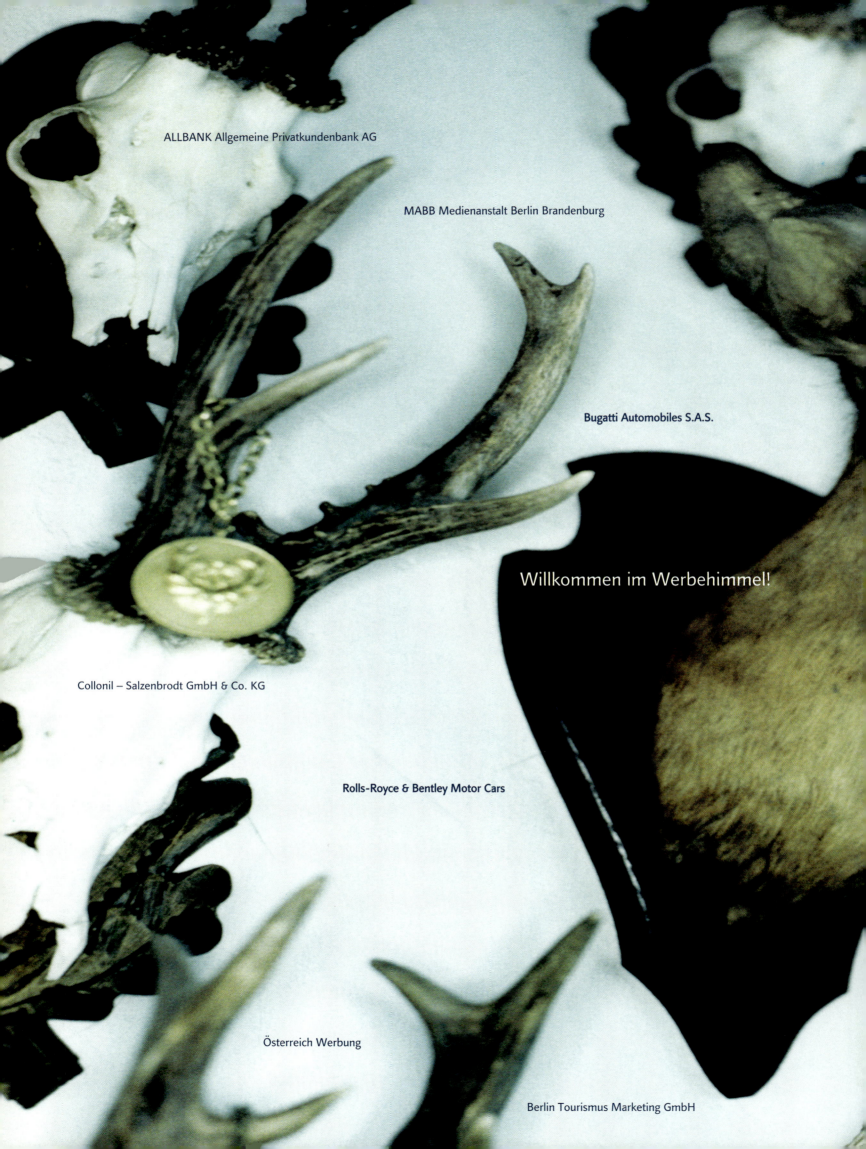

FCBi Deutschland GmbH
An der Alster 42
20099 Hamburg
Fon: 040/ 28 81-15 00
Fax: 040/ 28 81-15 60
E-mail: info@fcbi.de
www.fcbi.de

Ansprechpartner/Geschäftsführer
Johann C. Freilinger
Tjarko H. Horstmann
Andreas Kramer
Wolfgang Mai

Agenturdaten

Gründungsjahr
2000

Mitarbeiterzahl
60

Netzwerk
Foote, Cone & Belding

Kurzprofil
Das kleine „i" steht für interaktive und integrierte Markenkommunikation. FCBi entwickelt ganzheitliche Kampagnen zur Kundengewinnung. Klassische Werbung, Dialogmarketing, PR und Online-Medien werden dabei zielgerichtet vernetzt und für den Aufbau von CRM eingesetzt.

Kunden
Autodesk (IT-Software/CAD/CAM)
Biotechnica
CeBIT
Contractworld
Domotex
Hannover Messe
Interschutz
Ligna
Messeplatz Hannover
Dimension Data (IT Netzwerke)
Igepa Group (Papier)
Juvena (Kosmetik)
Johnson Wax (HWPR - Haushalts-, Wasch-,
    Putz- und Reinigungsmittel)
Koralle (Dusch-, Badewannen)
Olympus Medical Systems (Medizintechnik)
tesa (Selbstklebende Produkte)
Thomas Cook (Reise und Touristik)
Wavin (Kunststoffindustrie)
Samsung (Monitore)
Sekretaria.de

Autodesk
Anzeige • Mailing Postkarte

CeBIT
Anzeige • Site und Banner

Igepa
Anzeigen • Mailing

Ogilvy & Mather Special GmbH & Co. KG
Fischerstraße 49
40477 Düsseldorf
Telefon: 02 11 / 4 97 00-170
Telefax: 02 11 / 4 97 00-174
E-Mail: ogilvy.special@ogilvy.com
Internet: omspecial.de

Ansprechpartner
Ulrich Tillmanns, Head of Office,
 Managing Partner
Michael Freiherr, Client Service Director
Werner Krainz, Executive Creative Director

Agenturdaten

Gründungsjahr
1991

Mitarbeiterzahl
78

Geschäftsführer
Ulrich Tillmanns
Lothar S. Leonhard
Helmut Hechler
Werner Krainz

Netzwerk
Unit der Ogilvy & Mather Gruppe

Kurzprofil
Ogilvy & Mather Special ist innerhalb der deutschen Ogilvy Gruppe die Agentur für klassische Werbung und integrierte Kommunikation komplexer Produkte und Dienstleistungen. Ogilvy Special steht für 360 Grad-Kommunikation in den Bereichen Imagewerbung, Produktwerbung, technische Dokumentationen, Corporate Identity und Design, E-Business

Kunden
avanturo GmbH, Köln
 (Full Service)
BASF, Ludwigshafen
 (Produktkampagne)
BMA (Schwerbehinderte), Berlin
 (Full Service)
DAAD Deutscher Akademischer Austauschdienst,
 Bonn (Internationale Imagekampagne)
Deutscher Kinderschutzbund e.V., Krefeld und Essen
 (Full Service)
Ford Werke AG, Köln
 (Händlergemeinschaftswerbung (ITK))
Franz Haniel & Cie. GmbH, Duisburg
 (Corporate Aufgaben)
Healy Hudson AG, München
 (WebSite)
IKB Deutsche Industriebank AG, Düsseldorf
 (Komplettbetreuung)
Krupp VDM GmbH, Werdohl
 (Internationale Fach-Imagekampagne)
LG Electronics, Seoul
 (Brand Image-Kampagne, paneuropäisch;
 diverse Produktkampagnen, national)
Messe Düsseldorf
 (Komplettbetreuung)
Ministerium für Wirtschaft, Mittelstand, Düsseldorf
 (Move, Mittelstandsoffensive NRW; Energie und
Verkehr des Landes NRW;
 Go, Gründungsoffensive NRW Düsseldorf)
MVV Energie AG, Mannheim
 (Komplettbetreuung)
RAG Coal International, Essen
 (Corporate Aufgaben)
Ruhrgas AG, Essen
 (Produktkampagne)
Trienekens AG, Viersen
 (Imagekampagne)
ThyssenKrupp Automotive AG, Bochum
 (Imagekampagne)

www.ogilvyspecial.de

Zellner & Pirker Werbeagentur GmbH
Werbung für Hightech
Perchtinger Straße 6
81379 München
Fon: 089/ 78 200-1
Fax: 089/ 78 200-3
E-Mail: info@zellner.de
www.b2b4ht.com

Ansprechpartner
Friedrich Zellner
Wolfgang Pirker

Agenturdaten

Gründungsjahr
1991

Anzahl der Mitarbeiter
26

Inhaber/Gesellschafter
Friedrich Zellner
Wolfgang Pirker

Niederlassung
Spanien
Zellner & Pirker Advertising S.L.
Travessera de Gracia 342-344
E- 08025 Barcelona
Tel.: +34 93 44 65 02 0
Fax: +34 93 44 65 01 9

Leistungsprofil
Full-Service Werbeagentur für B2B-Kommunikation, spezialisiert auf Hightech

Leistungsschwerpunkt
– Kampagnenentwicklung
– Print
– Dialogmarketing
– Messen & Events
– New Media
– Beziehungsmanagement

Unternehmensphilosophie
„Wir wollen Hightech-Kunden und sonst nichts".

Branchen:
– Elektronik/Halbleiter
– Informatik
– Maschinenbau
– Flugzeugbau

Wissensbasis
Die Spezialisierung auf Kommunikation für B-to-B, vor allem für die Technikbranche, basiert auf dem professionellen Technik-Know-how der Geschäftsführung und der praxisorientierten Erfahrung der Mitarbeiter.

Kunden
ATENA
Autodesk
Bayerische Staatskanzlei – BayernOnline
BinTec AG
Compaq
Datamodul
digital advertising AG
Finn-Power
IBB, IBM Global Services Company
Infineon Technologies AG
Ingram Macrotron
Media 100 GmbH
MTU Aero Engines
Nuvax AG
Siemens AG CMS
Siemens AG PG
SÜSS Microtec AG
TESIS GmbH
Multivac

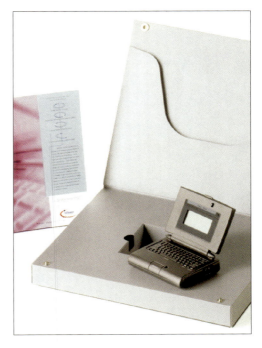

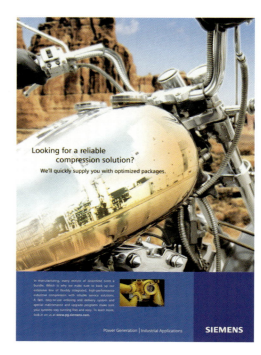
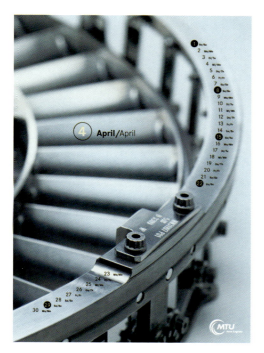

STANDING THE TEST OF TIME

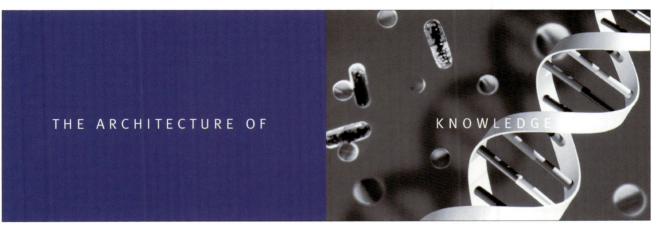

THE ARCHITECTURE OF KNOWLEDGE

THE RACE IS ON

ADRESSEN

arc-en-ciel Werbeagentur GmbH
Stephan Oberacher (Kundenberatung)
Tumblingerstr. 32, 80337 München
Tel. 089/ 76 70 65-20, Fax: 089/ 74 70 55-2
s.oberacher@arc-en-ciel.de, www.arc-en-ciel.de
Consumer- & Service-, IT- & Hightech-, Energy- & Industry Brands

CB.e Clausecker | Bingel.Ereignisse GmbH
Sabine Clausecker, Dr. Anna-Louise Hübner
Live-Kommunikation und dreidimensionale Erlebniswelten
Kurfürstendamm 48, 10707 Berlin
Tel.: 030/ 81 88 40, Fax: 030/ 81 88 42 55
info@cbe.de, www.cbe.de

Die Brandenburgs / Werbeagentur GmbH
Olaf und Sven Brandenburg (Geschäftsleitg.), Martina Reichardt (Beratg.)
Matterhornstr. 1, 14163 Berlin
Tel.: 030/ 80 97 10 –30, Fax: 030/ 801 32 20
mreichardt@brandenburgs.de, www.brandenburgs.de
Full-Service Werbeagentur

FCBi Deutschland GmbH
Johann C. Freilinger
An der Alster 42, 20099 Hamburg
Tel.: 040/ 28 81-15 00, Fax: 040/ 28 81-15 39
jfreilinger@fcbi.de, www.fcbi.de
interaktive und integrierte Kommunikation

HEUREKA! Gesellschaft für Unternehmenskommunikation mbH
Peter Rüsing
Grünhof 14, 45134 Essen
Tel.: 0201/ 47 30 18, Fax: 0201/ 44 01 16
agency@heureka.de, www.heureka.de
Unternehmenskommunikation/IR medien-übergreifend, Print, Web, MM

Klink, Liedig Werbeagentur GmbH
Gunnar Klink
Stievestr. 9, D-80638 München
Tel.: 089/ 17 11 11-0, Fax: 089/ 17 11 11-27
gklink@klink-liedig.com, www.klink-liedig.com

Lorenz & Company Werbeagentur GmbH
Massgeschneiderte Markenkommunikation
Storlachstr. 4, 72760 Reutlingen
Tel.: 07121/ 38 93-0, Fax: 07121/ 37 07 99
info@lorenz-company.de, www.lorenz-company.de
Full-Service Werbeagentur

LS Dialogmarketing GmbH
Hans-Peter Petto
Kelterstr. 69, 73265 Dettingen/Teck
Tel.: 07021/ 80 62 80, Fax: 07021/ 806 98
hans-peter.petto@lsdialog.de, www.lsdialog.de

Ogilvy & Mather Special GmbH & Co. KG
Ulrich Tillmanns, Werner Krainz, Michael Freiherr
Fischerstr. 49, 40477 Düsseldorf
Tel.: 0211/ 497 00-170, Fax: 0211/ 497 00-124
ulrich.tillmanns@ogilvy.com, www.ogilvyspecial.de
Kommunikation für komplexe Produkte und Dienstleistungen, B-to-B

weigertpirouzwolf Werbeagentur GmbH
Waterloohain 9, 22769 Hamburg
Tel.: 040/ 432 39-0, Fax: 040/ 432 39-222
explore@weigertpirouzwolf.de, www.weigertpirouzwolf.de

Zellner & Pirker Werbeagentur GmbH
Friedrich Zellner
Perchtinger Str. 6, 81379 München
Tel.: 089/ 78 20 01, Fax: 089/ 78 20 03
info@zellner.de, www.b2b4ht.com, www.zellner.de
Full-Service Werbeagentur für B-to-B-Kommunikation, spezialisiert auf Hightech

REGISTER

Auftraggeber

@carola wendt Personalberatung GmbH 104, 105
Arbeitsgemeinschaft Dermatologische Prävention (ADP) e.V. 112f.
BACARDI GmbH 80f.
Bertelsmann Content Network 134f.
Björn Steiger Stiftung e.V. 98f.
BMW AG 70f.
BPW Bergische Achsen Kommanditgesellschaft 78
Bundesministerium für Arbeit und Sozialordnung 122f.
digades GmbH 62f.
Dimension Data Germany AG & Co. 60f.
EADS Deutschland GmbH 124f., 130f.
ebm Werke GmbH & Co. KG 51 ff, 106f.
EnergieAllianz Austria 96
Eternit AG 29ff. 51ff., 84f.
Gruner & Jahr AG & Co. Druck- und Verlagshaus Hamburg 110f.
Gruner & Jahr AG & Co. Verlagsgruppe München 128
IBM Deutschland GmbH 86f.
Igepa Group 72f.
Lang & Schwarz Wertpapierhandel AG 79
MAGNA STEYR AG 29ff., 94f.
Milla & Partner GmbH 136f.
ORF-Enterprise GmbH & Co. KG 116f.
Q Kreativgesellschaft mbH 150
Rotes Kreuz Krankenhaus 76f.
Papierfabrik Scheufelen 66f.
SEB Immobilien-Investment Gesellschaft mbH 90f.
SEW-EURODRIVE GmbH & Co. 64f.
Siemens AG 56f.
strichpunkt gmbh 66f.
ThyssenKrupp Automotive AG 29ff., 118f.
Verlag Moderne Industrie AG 126f.
WIENERS & WIENERS Werbelektorat GmbH 102f.
ZANDERS Feinpapiere AG 2, 92f.

Agenturen

Agentur + Leven + Hermann Ges. für Kommunikation im Marketing mbH & Co. KG 92f.
diffus – Büro für Mediengestaltung GmbH 136f.
Elephant Seven GmbH 134f.
EPS Agentur für Kommunikation GmbH 62f.
FaroMedia 130f.
FCBi Deutschland GmbH 14ff., 41ff., 51ff., 60f., 72f., 164f., 170
GAISER & PARTNER Marketingberatungs GmbH 146
gambit marketing & communication GmbH 84f.
GKM Werbeagentur GmbH 90f.
Grabarz & Partner.Werbeagentur GmbH 102f., 110ff., 128
Heimat Werbeagentur GmbH 112f.
in(corporate communication + design GmbH 76f., 79
klink, liedig werbeagentur gmbh 70f., 140f., 171
Lowe GGK Werbeagentur GmbH 96, 116f.
Lowe Lintas & Partners 124f.
Ogilvy & Mather Special GmbH & Co. KG 41ff., 118f., 122f., 166f., 171
OgilvyOne worlwide GmbH 86f.
Publicis kommunikationsagentur GmbH, GWA 56f.
Q Kreativgesellschaft mbH 150
RiegerTeam GmbH 41ff., 51ff., 64f., 78, 98f., 106f., 126f.,
Schindler, Parent & Cie GmbH 24f., 144f.
SCHRANGL´PRESLMAYER´ SCHAURHOFER Marketing GmbH 94f.
strichpunkt gmbh 66f.
Vaporisateur GmbH 80f.
weigertpirouzwolf Werbeagentur GmbH 104, 105, 147, 171

Namen

Annuschek, Bettina 78, 126f.
Arbeitskreis Prägefoliendruck 2, 26f.
arc-en-ciel Werbeagentur GmbH 160f., 170
Arend, Barbara 76f.
Argauer, Stefanie 38
Arian, Scarlet 92f.
ART & PUBLISHING 94f.
ASCO Druck 76f., 79
Atelier Raimund Stockhecker 76f.
Augner, Ulrike 126f.
Bange, Tim 134
Bank Austria AG 41ff.
b.a.s. dialog GmbH 41ff.
Baumjohann, Heinz-Werner 84f.
BBDO Interactive GmbH 41ff.
Beaugrand, Stéphanie 118f.
Becker, Siegrid 41ff.
Berger, Lutz 62f.
Bingel, Odo-Ekke 41ff.
Birkmeier, Oliver 104, 105
Böker, Hannes 116f.
Böttner, Kai 60f.
Boldt, Jens 112f.
BrandCamp 41ff.
Brandstätter, Wolfgang 116f.
Brandstetter, Petra 70f.
Braun, Sabine 94f.
Braun, Viktor 118f.
Breitbart, Prof. E. W. 112f.
Brendt, Hartmut 41ff., 74, 100
Brüggemann, Peter 32
Brunner, Katja 118f., 122f.
Bühringer, Werner 116f.
Butnariu, Adrian 118f., 122f.
bytecon GmbH 33
CB.e Clausecker | Bingel.Ereignisse GmbH 170
Choi, Chon 72f.
COM Management GmbH 4f.
Commentum 112f.
ComUnique GmbH & Co 41ff.
concept! AG 41ff.
Dähn, Christiane 110f.
DDB Gruppe Deutschland 4f.
Dehner, Nicole 140f.
Denninghoff, Frank 26f.
Der Tagesspiegel 2, 20ff
Dietz, Kirsten 66f..
Dirscherl, Georg 56f.
Die Brandenburgs / Werbeagentur GmbH 162f., 172
DIE ZEIT 2, 20ff.
Dörmann, Matthias 79
Dorste, Peter 118f.
Dosch, Jochen 30, 41ff., 149
Drobil, Peter 41ff., 115
Beutler, Druckerei 84f.
Eberl, Druckerei 144f.
Duong, David 116f.
Dyhr, Stefan 90f.
Eisenächer, Harald 35
Engelhardt, Frank 41ff., 132
Ernesti, Ina 60f.
ESTERMANN 94f.
Eternit AG 29ff. 51ff., 84f.
Evers, Thore 72f.
Ewig, Alexander 41ff., 138
FCBi Deutschland GmbH 14ff., 41ff., 51ff., 60f., 72f., 164f., 172
Feldhoff, Michael 92f.
Fels Werke GmbH 41ff.
Fetzer, Nicole 98f.
FH Düsseldorf 41ff.
Figura, Volker 70f.
Finger, Dirk 104, 105, 147
Fohrmann, Werner 78
Frauendorfer, Ingeborg 96
Freiherr, Michael 118f., 122f.
Freilinger, Johann C. 14ff., 41ff., 60f., 114
Fuhrberg, Torsten 41ff., 69, 82, 143
Gaiser, Stefan 146
Gambichler, Thomas 60f.
Gasde, Susanne 122f.
Giesen, Uwe 84f.
GLI GmbH 29ff.
Gräfe Unternehmensgruppe 26f.
Graf Strachwitz, Antonio 90f.
Grage, Oliver 80f.
Gropp, Tobias 134
Grützner, Stella 84f.
Guder, Friederike 122f.
Guntner, Helmut 94f.
GWP media-marketing 2, 20ff., 41ff.
Habersack, Peter 41ff., 88
Habersatter, Rupert 78
Habib, Nadim 134
Häuser, Kerstin 106f.
Häussler, Bernd 72f.
Hagedorn, Tim 76f.
Hahn, Anja 126f.
Haider, Frithjof 106f.
Halter, Kai 106f.
Haremsa, Kerstin 122f.
Hasenbeck, Manfred 36
Hauf, Thorsten 106f

Wir glauben an den Erfolg durch Leistung.

Dienstleistungen
für unsere Kunden,
Mehrleistungen durch
unser Knowhow und
Hochleistung durch
innovative Technologien.
Als Zentrum für
Drucktechnologie und
Produktion erschließen wir
Ihnen durch intelligente
Lösungen neue Dimensionen
der Print-Produktion und
Kommmunikation.
Mit neuen Impulsen,
überraschenden Ideen
und überzeugenden
Werbemitteln zur
Profilierung Ihrer Produkte,
Ihres Unternehmens und
Ihrer Ideen.

rasch
druckerei und verlag

Lindenstraße 47   49565 Bramsche
Telefon 05461-93520   Telefax 05461-935255
e-mail raschdruck@rasch.de
www.raschdruck.de

IN SEARCH OF EXCELLENCE

Hauser, Alexander 134
Heidenreich, Daniel 90f.
Heiland, Gerhard 150
Heitmann, Anja 134
Heizmann, Axel 64f.
Heffels, Guido 112f.
Hellmann, Thomas 76f.
Hennebach, Joachim 86f.
Hermann, Petra 92f.
Hertje, Karl 140f.
Hestermann, Ernst A. 41ff.
Hetzinger, Birger 66f.
Heuel, Ralf 102f., 110f.
Heureka! Ges. f. Unternehmens-
  kommunikation mbH 172
Hilger, Stefanie 64f.
Hinderlich, Dr. Horst 76f.
HL-Fotostudio 56f.
Hödl, Hubert 34, 94f.
Höfinghoff, Arno 90f.
Hölzl, Bettina 146
Hofer, Nicole 56f.
Hoffmann + Reichelt 76f.
Hollschwandner, Bastian 136f.
Hormes, Daniel 147
HORIZONT 41ff.
Huber, Andreas 140f.
Ideea Dekorationsbau GmbH
  29ff.
Igepa Group 29ff.
impulse 41ff.
Janda, Marion 96
Jung, Ursula 64f.
Jungblut, Michael 79K
Kaapke, Timo 62f.
Kaiser, Hans-Ulrich 62f.
Kaminski, Werner 41ff.
Kampert, Klaus 118f.
Karle, Roland 6ff.
Kasper, Ralf 70f., 140f.
Kastner & Callwey 70f., 140f.
Keppler, Anja 98f.
Khan, Jamal 60f.
Kiefer, Anna 112f.
Klein, Stephan 134
Kleina-Peter, Cornelia 118f.
Klink, Gunnar 140f.
klink, liedig werbeagentur
  gmbh 70f., 140f., 173
Kmoch, Sebastian 20ff.
Knaut, Dr. Andreas 41ff., 89
Koch, Barbara 56f.
Koch, Michael 86f.
KölnMesse GmbH 29ff., 41ff.
König, Hans Ludwig 41ff.
kommunikationsverband.de 2, 4f.
Komp, Simona 104, 105, 147

Kornfeil, Michaela 112f.
Krause, Jan R. 31
Kreitz, Hans-Jürgen 41ff., 151
Kris, Dr. Michael Th. 41ff., 142
Krupp-Bilstein GmbH 41ff.
Krutoff, Christian 118f.
Kühn, Uta 90f.
Kuhnle & Knödler 144f.
Kummerer, Marcel 150
Langnickel, Martina 41ff., 83, 59
LaserLitho 4 122f.
Latanza, Laura 116f.
Laur, Christian 147
Layr, Eva 116f.
Lembke, Jens 134
Leyendecker, Hendrik 56f.
Liedig, Dieter 70f.
Linden, Veruschka 118f., 122f.
Lion, Uli 72f.
Litschko, Achim 64f., 78
Löhr, Tina 70f.
Loibelsberger, Claudia 96
Lorenz & Company Werbeagen-
  tur GmbH 173
LS Dialogmarketing GmbH 173
Lufthansa Cargo AG 29ff.
Mader, Andreas 122f.
MAGNA STEYR AG 29ff., 94f.
Malkani, Preeti 124f.
Manthey, Andreas 112f.
MarketingReport 41ff.
Marketing und Kommunikation
  29f.
Matthies, Jörn 104, 105, 147
Mayer, Michael 78, 98f.
MCO Marketing Communication
  Organisation 41ff.
Mehnen, Heiko 33
Meichle, Thomas E. J. 41ff., 68, 98f., 106f., 126f.
Meissner, Nadine 64f., 78, 126f.
Merzeder, Gerhard 94f.
Messe Düsseldorf 41ff.
Mestrom, Michaela 128
Mierzowski, Gabriele 106f., 98f.
Milla, Johannes 136f.
Mittag, Alexandra 80f.
MM Maschinenmarkt 41ff.
Möllmann, Thorsten 124f., 130f.
Mosler, Horst 84f.
MRT Medizinische
Müller, Volker 64f.
Neumeier, Stefan 56f.
Oberbeck, Christine 144f.
Obermann, Jens 60f.

OCTANORM VertriebsGmbH 29ff.
Ogilvy & Mather Special GmbH
  & Co. KG 41ff., 118f., 122f., 166f., 173
Olsson, Kristina 60f.
Orthmann, Dr. Kurt 37
Osinger, Barbara 116f.
Osterloh, Kay 76f.
Ott, Chrigel 116f., 96
Parent, Jean-Claude 24f., 144f.
PBM Medien GmbH 6ff.
Perna, Giovanni 106f., 64f.
Petri, Lothar 41ff., 120
Pfeifle, Holger 136f.
Pfeilschifter, Andreas 126f.
Pfeuffer, Bernd-Dieter 40, 72f.
Pientka, Annette 98f.
Pläcking, Jochen 4f.
Pollig, Boris 78, 126f.
Preslmayer, Gerhard 94f.
Prudent, Carsten 41ff.
Quetz, Ralph-Peter 60f.
Rampitsch, Andreas 146
Rädeker, Jochen 66f.
REPRO + MONTAGE 94f.
Reweland, Markus 150
Reymann, Sönke 60f.
RGI Digitale Reproduktionen
  GmbH 84f.
Riedel, Heike 116f.
Röntgentechnik GmbH 90f.
RTS RiegerTeam GmbH 41ff., 106f.
Runte, Dagmar 84f.
Ruschek, Sven 79
Sabautzki, Willy 70f.
Sachse-Nicholls, Nuroma 76f.
Schaal, Siegfried 126f.
Scharinger, Julia 146
Schicketanz, Gerd 96
Schindler, Parent & Cie GmbH
  24f., 144f.
Schlegel, Andreas 136f.
Schleusener, Silke 118f.
Schmidt, Silke 98f.
Schneider, Tim 112f.
Schöberl, Uli 136f.
Schrenk, Christine 76f.
Schub von Bossiazky, Prof. Ger-
  hard 6ff, 41ff., 119, 121
Schwarz, Jörg 79
Schwedler, Beate 84f.
Schwegler, Jürgen 78
Sedlmeir, Ruth 70f
Sedus Stoll AG 41ff.
Siebenhaar, Dirk 128
Sieger, Heiner 41ff., 108, 148

Siemens AG 29ff.
Smidt, Jochen 41ff., 132, 118f.
Spies, Thomas 29ff.
Siegfried Steiger 98f.
Stein, Ludger 79
Steinhardt, Florentine 118f.
Streckert, Elfi 72f.
Strube, Mike 62f.
Sudek, Stefanie 144f.
S&J Digital 112f.
Teege, Ulf 134
Tenovis GmbH & Co. KG 41ff.
ThyssenKrupp Automotive AG
Tillmanns, Ulrich 41ff., 109, 101
Timmermann, Wolfgang 39
  29ff., 118f.
Topolic, Ana 94f.
Treppenhauer, Tobias 62f.
Turowski, Christoph 70f.
Tussing, Miriam 90f.
Unterberger, Karsten 76f., 79
VDI-Nachrichten 2, 20ff., 41ff.
Verlagsgruppe Handelsblatt 2, 20ff., 41ff.
Viennapaint 116f.
Vogel Verlag und Druck GmbH
  & Co. KG 41ff.
Vogt, Monika 90f.
von Dellingshausen, Christoph
  41ff., 133
von Regenstein, Joi 60f.
Voss, Sabine 112f.
Vossen, Jürgen 112f.
Waldmann, Annette 70f.
weigertpirouzwolf Werbeagen-
  tur GmbH 104, 105, 147, 173
Weinl, Alex 150
Weisser, Christian 136f.
Weiß, Elisabeth 116f.
Wendt, Carola 104, 105
Wiegand, Markus 130f.
Wieners, Gabriela 102f.
Wieners, Ralf 102f.
Will, René 64f.
Wingen, Dirk 80f.
Winter, Martin 136f.
Wolf, Nikolai 79
Wolfsteiner, Eva 94f.
YTONG AG 41ff.
Yukom Medien GmbH 29ff.
Zajc, Wolfgang 116f.
ZANDERS Feinpapiere AG 2, 92f.
Zax, Ingrid 116f.
Zellner & Pirker Werbeagentur
  GmbH 168f., 173